劇場としての書店

福嶋聡
fukushima akira

新評論

口上

はるか昔のギリシャ、アテネの広場でのソクラテスと多くの人との討論を、本は熱っぽく伝えます。ブッダの最期の姿をも、イエスの磔刑のありさまも、本は粛々と伝えます。祇園精舎の鐘の音に、平家の人々の盛者必衰を、本は切々と語ります。

人はなぜ、文字というものを発明したのでありましょうか。人はなぜ、それを粘土版に刻み付けたのでありましょうか。謎であります。

人はなぜ、紙というものを発明し、綴り合わせて本というものをつくり上げたのでありましょうか。謎であります。

人はなぜ、自らの経験を、そして自らの思いを、後世に伝えようとしたのでありましょうか。そしてそのことを、本という媒体に託したのでありましょうか。それも謎であります。

ついに二〇世紀にいたって哲学者ヴィトゲンシュタインは、「語り得ぬものについては沈黙しなくてはならない」と宣言いたしました。その四〇〇年も前にシェイクスピアは、ハムレットのいまわの際に「余は沈黙」と語らせております。一方、「不立文字」を謳う禅僧は夥しい禅語を遺しております。それらはすべて、本に運ばれて現在にまで至っているのであります。

まこと、本とは不思議なもの。一八世紀の半ば、鉄道網の発達とともにイギリスに誕生したといわれる書店の歴史はいうにおよばず、一五世紀のグーテンベルクによる印刷術の発明をもはるかに超える昔から、たとえばギリシャ悲劇が、たとえば聖書が、たとえば論語や仏典が、脈々と命ながらえているのでございます。

さて、これより皆様をご案内するは、そうした古典籍からつい先ごろ誕生した初々しい本に至るまで、海を越え時代を越えた本たちが所狭しと立ち並ぶ「書店」という劇場でございます。ここで皆様を待ち受ける本たち、出自も履歴もそれぞれ多彩なら、各々の性格たるやそれこそ千差万別、それぞれが言葉を発する口をもっていたならば、あまりの喧騒に、そこにいる者すべての聴覚を破壊すること必定でございましょう。本たちが、老いも若きも一堂に会しておりなす、ときには美しく、ときに雄々しく、そして、ときには数奇なる風景は、人類の知的遺産の一大スペクタクル、そこに一歩足を踏み入れた者は一大交響楽に包まれるのでございます。

ただし、悲しいかな、いかに雄弁な本たちも自ら語る口はもたず、自らを開く手ももちません。本たちがドラマを繰り広げるのは、いつも自らを開いてくださるお客様方あってのこと。本たちが、時空を越えて運んできたドラマやメッセージは、お客様方に開かれてこそ長い旅路の労苦を報われるのであります。

すなわち、自らは観客のつもりで書店という劇場の木戸をくぐったお客様方は、実はドラマの主役なのであります。さまざまな本たちとの出会いによって、ときには心慰められ、ときには一躍奮起を促され、ときには運命をも決せられるお客様方こそ書店という劇場の「主役」と呼ぶにふさわしいのでございます。

本日は、ようこそいらっしゃいました。主役の皆様を前にしての長口上もいささか無粋、さっそく書店という劇場へ、お客様方自身の舞台へと、先導役を務めさせて下さいませ。

もくじ

劇場としての書店

一幕

書店という空間

第一場　舞台としての売り場

京都の店で人文書の担当をしていたころ、業界の大先輩であるＩ氏が店を訪れてくれた。人文書を売る力量において最大限の評価を得ていたＩ氏は、ぼくの人文書の棚について二つの欠点を指摘された。一つは、プレートの表示が大雑把で、客に対して不親切であること。もう一つは、売れる本が奥にあること。たとえば、哲学思想の棚では、一番通路に近いところに「概論」の棚がある。そこにある本は主に大学の教科書で、必要とあらば一番奥にあっても学生諸君は探してくれる。そこには、流行の思想家の本を目立たせて置いておくべきだ。類まれなる商品知識と情報収集力で個性的な棚をつくり上げ、現代思想を売りまくったＩ氏の、当然かつ至極もっともな指摘であった。

しかし、ぼくは反論した。

まず、プレートの表示が大雑把（「哲学」とか「現代思想」とか）だという点については、ぼくとしては細かな分類表示には賛成できない。誰それの思想を「○○主義」と名づけることは危険だし、複数の思想家を、何らかの統一概念でくくれるということも疑わしい。何より、細かく分類表示をしたプレートがその棚を窮屈にしてしまう。挙げ句の果ては、どの表示にも当てはまらない商品が（そうした本こそ独創的であろうに）弾き飛ばされてしまう可能性がある。

本と本の、個々のさまざまな関連性に眼を向けたほうがいい。著者でなり、研究対象でなり、研究姿勢・方法でなり、さまざまな仕方で本たちが引き寄せ合ったりはねつけあったりする、その結果、棚の中で本たちのいわば「結晶作用」が生じ、それが書店員にとっても客にとっても妥当なものと認知されれば自然と自己増殖していく。そうなったときには、その塊がどのような意味合いをもつかは本の背表紙が雄弁に語ってくれ、既存の概念によるプレート表示は無意味なものとなり、むしろ邪魔になるのではないだろうか。

また、売れる本が奥にあるのは、お客様にどんどん奥へ奥へと行ってもらいたいからだ。そして、誘導口にはひと目見てそれと分かる本を置く。「哲学概論」とか「哲学入門」とか「哲学事典」とか、明らかにその棚（あるいは道）が哲学思想関係であることを、そういった商品のこれまた背表紙で表示、誘導しているのだ。

二つ目の反論は、常日頃から意識していたものではなく、そのときに話しながら考えがまとまってきた部分が大きい。しかしながら、それは自分自身違和感をもちながら無理やり行った強弁ではなかったし、むしろ、なるほどそうだったのかと、腑に落ちた思いだった。お客様を「奥へ奥へ」というのは、店のいろいろな部分を見ていただきたいという気持ちの現れであり、店を「広く、広く」使いたいということである。「広く、広く」という思いは、かつて別の場所で別の仕事をしていたときと共通していた。その仕事とは、劇の演出である。

舞台劇の演出とは、ある意味では狭い、ある意味では広い舞台空間への「現実」の変換・射映である。たとえば、室内劇の場合、いかな小劇場であっても一部屋は実際の部屋の何倍もの容積がある。すべての舞台装置、役者の演技は、否応なく拡大されざるをえない。役者の身体や小道具、現実のものを使う置き道具などは拡大できない上でのことである（史劇の屋外シーンなどの「ある意味では狭い」ケースでも、このことには変わりはない）。だから、舞台劇の演出の第一歩は、「舞台を広く使う」ことに、より正確にいえば「舞台を目いっぱい使う」ことに眼目が置かれる。

とくに、経験の浅い役者に顕著なのは、すぐに話をしている相手に近づいてしまうことだ。日常レベルでは自然なその距離感は、空間そのものがあらかじめ拡大している舞台上ではそぐわない。舞台の端と端、何メートルも離れてのひそひそ話が逆にリアルなのである。なぜなら、舞台上にあってはその距離が四畳半の部屋の幅なのだから。

だから、演出の最初の仕事は、役者の立ち位置を決めてしまうことなのだ。役者の演技に対してかなり寛容な演出家（ぼくはそうだったと思うが）であっても、立ち位置については特権的である。舞台は、観客席から観られることをその本質としている。それゆえ、舞台上にいる役者の視点ではなく、観客席から観たときのバランスこそ舞台にはふさわしいからだ。

経験の浅い役者、あるいは経験があっても勘違いしている役者にありがちな誤りは、常に正面中央で芝居をしたがることだ。観客は、舞台全体を見ている。舞台より何倍も広い観客席から見たとき、特権的な場所というのは舞台上には実はない。裏返していうと、特権的な位置が舞台正面中央にしかないような舞台はまったく魅力的でないということだ。舞台装置や照明の当て方によっては、むしろ舞台奥の一隅の方が役者を栄えさせるのだ。このことを役者に納得させるのも、演出家としての重要な仕事であった。

シェイクスピア(1)の作品など多数の登場人物がいる芝居では、役者の居所の配分がさらに重要になる。小人数の芝居ではまだ許されていた役者の動きの自由は、さらに制限される。舞台の進行を計算して、演出家がキチンと絵を描いてやらなければ芝居がスムーズに進まないのだ。そのときも、もちろん眼目は舞台をできるだけ広く使うことである。群集の配置がうまくいけばいくほど、主役の芝居も栄えるのだ。

このことを、書店の仕事に当てはめた場合、役者は差し当たり一冊一冊の本であり、またはその集合である「棚」であろう。書店全体にバランスよく、しかも隣りあう本がうまく連携し、離

---

(1) William Shakespeare(一五六四～一六一六)。イギリスの劇作家、詩人。四大悲劇『ハムレット』『オセロ』『リア王』『マクベス』のほか、多くの悲劇、喜劇作品がある。最近では、「彩の国さいたま芸術劇場」が、蜷川幸雄氏を芸術監督として迎え、シェイクスピアの全作品上演をめざすシリーズが進行中である。

れた本もよく呼応するような配置が魅力ある書店には不可欠であろう。

少し経験のある書店人は、ややもすると売れ行き良好書をレジ前やら入り口付近に置きたがる。入り口付近ばかりに目がいく書店人は、いわばエプロンステージだけを使い、主役に正面切った演技ばかりさせて、奥行きのある舞台をつくることのできない演出家のようなものだ。現在の新刊話題書は、同じ著者の既刊書や関連書の群れの中にあってさらに栄える。それは、舞台の正面であろうが、奥であろうが、袖近くであろうと関係ない。それよりも、周りの多くの本と収まりのいい関係をもてているかどうかの方が大事なことだ。

全員が全員、正面中央で芝居をすることなどもちろんできない。立ち位置の優劣にこだわる

哲学・思想の棚

よりも、ほかの役者たちとの関係を重視することでより膨らみのある空間が生じる。そうした関係があちらこちらに成立することで、奥行きのある舞台が成立するのである。そしてまた、相呼応する新刊や話題書と既刊書のリーズナブルな並びがそこかしこに存在することによって、奥行きのある書店が成立する。

少し話が戻るが、そうした本の並び、本たちの関係性をプレートでもってとやかく書き立てるのが好きになれないのは、舞台劇において、たとえばスクリーンや電光掲示板に「＊＊＊＊年＊月＊日　ドコソコ」と表示されたときに興ざめするのと同趣である。高座の垂れ幕ではあるまいし、そうした舞台の背景は、台詞でもって自然と観客に伝えるのが舞台劇の醍醐味だと思う。書棚においても、本の並びやくくりの意図は、個々の本の背表紙の並びが雄弁に語ってくれるのだ。事細かに、いちいち著者の名前を書いて棚に貼り付けるのも、役者が名札をぶら下げて演じているようで興ざめだ。その段でいうと、ある一冊の本を、ポップでもって飾り立ててうるさく客にすすめるのがどうしても好きになれないのは、ぼくのやっていた芝居がスター・システムを土台とした「商業演劇」や「大衆演劇」ではなく、一応「新劇」の範疇に入るからかもしれない。

さまざまな規模の劇場が存在するように、さまざまな規模の書店が存在する。さまざまな人数の舞台が存在するように、さまざまなアイテム数の書店が存在する。当然、大規模な書店には多くのアイテム数の許容量があるが、書店の規模とアイテム数が必ずしも比例するわけではない。

同じ規模の書店であっても、立地、コンセプト、棚の形状、展示方法などによってアイテム数が大きく変わりうるのは、同じ劇場にあってさまざまな人数の舞台が上演されるのと同様である。

小人数の舞台では、技量のある役者を厳選することができるし、またしなければならない。その代わり、役者は舞台を所狭しと暴れ回ることができるし、また演出家も上手い役者にある程度安心して任せておくことができる。大人数の舞台では、物理的にそれは制限されるし、また個々の技量に贅沢をいっておられなくなるので、より強い演出的統制が必要になってくるだろう。しかし、それらのアンサンブルが見事なハーモニーを奏でたときの迫力には、いかに技量のある役者でも「個」では及ばない。

書店においては、アイテム数を少なくするということは、売れ行き良好書を厳選し、時の話題書をあちこちに平積みして目立たせる販売戦略をとることである。もともと力のある商品だから、ある程度の売り上げ冊数は予想される。一方、アイテム数を多くしようとすれば、旬を過ぎた商品、読者層がかぎられた商品を含めてできるだけ幅広く展示しなくてはならない。その場合は、力のある商品だからといってあちらにもこちらにも平積みすることはできないし、商品の並べ方、棚の配置にもきめこまやかな配慮が必要となってこよう。しかし、それができたとき、その書店はその深みと厚みにおいて圧倒的な迫力をもつことができよう。

どちらが優れているのかということではない。舞台についても、書店についてもその双方があっていいし、それぞれに役割がある。ある観客が「ひとり芝居」のようなシンプルな舞台も、また大規模なミュージカルも観たいように、読者にとってもいろいろな見せ方をする書店があった方が面白いに決まっている。

さて、ここまで劇場と書店を平行して語り、「劇場としての書店」のイメージを半ば「捏造」してきたが、もちろん両者は別物であり、多くの違いがある。その中でも最大の違いは、「第四の壁＝プロセニアムアーチ」の有無である。緞帳が開いた後も舞台と客席を仕切るこの透明な「壁」、舞台と客席を遮断しながら舞台と客席の橋でもある「壁」、観客が舞台上に上ることを頑なに拒否する一方、客席という特権的な場所を提供する「壁」、そんなものは書店という劇場には存在しない。書店の客は、書店の棚を見るときすでに書店の中にいる、つまり舞台に上っており、そして棚から棚へと縦横無尽に動き回っているのだ。だとすれば、客こそ役者といえるのではなかろうか？　まさしくそうなのである。それも二重の意味で、書店の客こそ劇の登場人物にふさわしいのである。一つには「性格上」、そしてもう一つには「行為者」として。

性格上というのはあまり適切な表現ではないが、一言でいえば、書店に来る客は大抵の場合何らかの動機をもって来るということである。交通事故の示談についての本を買いに来る人、社葬についての本を買いに来る人、生まれたばかりの赤ちゃんの名づけのために本を買いに来る人、それぞれ悲喜こもごもの背景をもって、言い換えれば、各人のドラマを背負って書店へやって来るのだ。極端な例では、「子どもが自殺しそうなんです！　それを止めるための本を売ってください、誰か子どもを助けて！」と、書店員にすがる客さえいた。

劇の登場人物もまた、舞台に現れるそのときから、すでに起きてしまったドラマを背負っている。舞台劇の醍醐味はあくまで現前《げんぜん》であるから、回想の台詞に終始するようなものは芝居ではない。つまり、登場人物の舞台上での行動こそがドラマを生む。しかし、二〜三時間の舞台において、一つのドラマを成立させている情況や出来事のすべてを現前させることはできない。逆にいえば、舞台で現前する出来事だけで成立してしまう芝居はさほどドラマティックではない。現前するドラマを支える幾層もの背景が舞台上でぶつかり合ってこそ、言い換えれば、複雑な状況を担う登場人物による自らの運命が滲み出るような行動によってこそ、時空ともに凝縮された舞台空間にドラマ性が成立するのだ。

今なお悲劇の最高傑作とされる『オイディプス王』においても、悲劇の大半はすでに終わっている。主人公は、幕が上がったときにはすでにスフィンクスの謎は解いており、（自らそれとは知らず）父を殺害し、母と関係をもってしまっているのだ。舞台上では、それとは知らず自分自身を犯罪者として告発していく捜査が展開され、もちろんそれ自身のプロットもドラマティックな展開を見せるが、悲劇性の要素の大半は過去にある。舞台空間とは、そこでは繰り広げられないドラマが凝縮された場なのである。

書店に行き、本を買うという行為は、見た目にはさしてドラマティックな行為ではない。書店が、映画やテレビドラマの舞台になることは滅多にない。しかしながら、先に挙げた例にかぎらず、多くの場合本を買うという行為には一人ひとりのドラマが先行して存在する。ある客が買った本は、その客のその時点での人生の象徴とも呼べる。また、思い返せばその本自体、著者のドラマが凝縮されたものなのだ。大げさにいえばドラマとドラマが出合う新たなドラマが、本の所有権の移動というきわめて凝縮された形で展開するのが書店という舞台なのである。

一方、「行為者として」というのは、客が書店という劇空間においては主役であり、その主役の行動が書店の風景さえも変化させる力をもっていることを現している。ハムレットが、叔父や母親への疑いを胸に秘めながら、さまざまな行為を通して舞台空間のさまをどんどん変えていくように、客もまた「本を買う」という行為を通して書店の風景に手を加えている。それは、そのときに一冊の本を書棚から抜き取るという結果にとどまらず、棚差しが面出しや平積みになったり、その期間に影響を与えたり、また本の並び方に工夫が加えられたりということを誘発することもある。たとえば、同じ著者の本をあちこちから集めてまとめて買ったところを認識した書店員は、その著者の本をまとめて並べたり、もっと揃えておこうとほかの本も仕入れたりするだろう。

このとき、書店員と客の「見る／見られる」の関係は見事に逆転している。客は書棚に、すなわち本の並びに、仕入れ、レイアウトという書店員の仕事を見ている。そのとき、見る主体は客であり、見られる客体が書店員である。が、客のまとめ買いという行為を参考に仕入れてレイアウトを変更するとき、逆に書店員が客を見るという図式が成立するのだ。

こうして見ると、書店という劇場では、本、客、書店員という三範疇の登場人物が、さまざまな仕方で関係しあい影響しあって、静かなドラマを繰り広げているといえる。

では、そうしたドラマを主導しているのはいったい誰なのであろうか？

最初に、書店という舞台で動くのは客である。開店とともに店の中に入ってくる。店を眺めわたし、案内図などを頼りにそれぞれ興味のある場所に向かう。とくに新規オープン時などは、書店員たちは店づくりの成否を案じながらレジカウンターで固唾《かたず》を飲んでひたすら待つ。客が入ってこなければ、つまり客が書店の中を動き回らなければいかなるドラマも生まれない。そうして、これまで述べたように、客はあくまで主体的に本を買うという象徴的行為をなし、そのことによって棚のありよう、および書店の風景に干渉していく。まさに、主役の名にふさわしい。

ただし、客はあくまで書棚を見て回るために動くのだ。その書棚をレイアウトしたのは書店員であり、いわば事前の仕込みが客を動かしているのであって、むしろ書店員の方が最初の主導権をもっているともいえる。そして、客が風景に干渉していくといっても、直接風景を変えているのは客の購入の傾向をインプットした上での仕入れであり、棚づくりをした書店員の主体的な行為であるともいえる。

相手にする客（読者）が多種多様である以上、本の並べ方、くくり方に絶対というルールはない。選択されたルールとルールの間に、基本的には優劣さえ存在し得ないともいい切れる。だから書店員は、自らが担当している棚にあっては「王」であるといってよい。分類の仕方、配列の方法、ある商品の受容と排除の基準の設定はまさにその書棚の「掟」であり、「掟」をつくる者は「王」の名にふさわしいからである。ただし、神（客＝読者）の声に耳を傾けぬ王、神になり代わろうとする王が、王国もろとも神によって滅ぼされた歴史を常に念頭に置いておくべきであろう。

こうした主導権を巡る緊張関係の中に、書店員と客とのせめぎあいがすでに潜勢態《せんせいたい》として存在しているといってよいかもしれない。それが現勢態を得るのは、接客・応対という「直接対決」においてである。書棚を媒介とした「静かなる決闘」のあいだ演出家然としていられた書店員は、そのときいよいよ自らが役者として「書店」という舞台に躍り出なければならないのだ。

第二場　役者としての書店員

接客は筋書きのないドラマである。よく「野球」がこのようないわれ方をするが、「野球」の場合はかなり細かくルールが決まっている。審判によって多少のゆらぎとひいきはあるにせよ、ストライクゾーンがだいたい決まっており、ボールと判定される球でも、普通はキャッチャーが捕れる範囲に入ってくる。しかし、店頭での問い合わせはそうはいかない。どこから何が飛んでくるか分からないというのが正直な思いである。

「所詮、聞かれるのは本のことだけだろう？」

その通り、聞かれるのは本のことである。しかし、「本のことだけ」とはとてもいえない。「本」という媒体に乗っかっているのは二〇〇〇年以上にわたる知的遺産であり、その内容は、宇宙のビッグバンから無名の人のほんの私的な独り言まで、森羅万象、おおよそ人間にかかわること、人間の興味の対象になることすべてなのである。

ただ、野球と違って接客においては「勝ち負け」はない。ヒットを打ったり、三振を取ったりという、どちらかが勝ってどちらかが負けるという構図はない。あるのは、どちらも「勝つ」か、どちらも「負ける」かのいずれかである。

接客のきっかけとなる問い合わせは、ほとんどの場合、本を探して欲しいという客の要請である。望みの本を探し出し、客が買ってくれたとき、その書店員は「勝った」といえそうである。しかしながら、そのとき、客の方も「勝った」のである。多くの場合、望みの本を入手してそれを読むことによって得られる利益（喜び）は、書店員が得る販売益よりも大きいからだ（でなければ、そのときに払った対価は高すぎることになる）。客は、書店員を利用して、望みの本を探し出すことに成功したともいえるのである。だとしたら、互いに相手が負けていないわけだから、どちらの側も「勝った」とはいい難い。むしろ、「共闘して、それぞれの取り分を得た」というのが正しい。そして、その勝因には、コミュニケーションの成功ということがいつもある。反対に、両方が「負ける」結果に終わるのは、客が望みの本を書店員に探させることができなかった場合、書店員の側からいえば客の所望する商品が発見できなかった場合で、このときの敗因は明らかにコミュニケーションの失敗といえる。

だから、書店現場での販売は、たとえば訪問販売のようなセールスとはかなり異なっている。後者においては、客に購買を決意させたとき、販売員の「勝ち」を宣言することができるかもしれない。差し迫って必要ではないものを、説得され、押し切られて買う破目となった客は「負け」を認めざるを得ないかもしれない。

書店現場での「共闘」の成否を決するのは、コミュニケーションの成立・不成立である。客がある本を欲しがり、書店員は売りたがっている、双方の利害が一致するその場で、なおもコミュニケーションの成否が微妙なのはなぜか？　それは、一冊の本への書店員と客の対し方、構え方がまったく違うことが多いからである。「共闘」の多くの失敗が現に生じてしまうのはなぜか？　それは、一冊の本への書店員と客の対し方、構え方がまったく違うことが多いからである。志向性の違いというべきか、一冊の本を見る角度、焦点が、書店員と客とでは明らかに違う。翻っていえば、一冊の本の見え方・現れ方がそれぞれで異なっているのだ。

その違いが、「売る側／買う側」という対称関係にのみよるものだとしたら、思いのほかに厄介ではない。商品を対称軸とした両極からの見え方は正確に裏表の関係にあり、輪郭線は同一といえるからだ。こうした対称性は、どのような商売にも付随してくる。

書店現場で厄介なのは、同じ客の立場でも、人によってある本を欲する動機がさまざまであるということだ。それは視点を変えれば、同じような動機と見えてもまったく違った本を探している場合がある、ということになる。

「あの、ちょっと、お尋ねしたいのだが……」

「はい、いらっしゃいませ」

先手は、常に客である。後手（書店員）の「いらっしゃいませ」をどれだけさわやかな笑顔を伴っていえるかで、第三手以降の分かれが生じる。

「実は、カクカクシカジカの本を探しているのだが……」

「カクカクシカジカ」がいかなる範疇に入る本なのか、書店員はまずそれを見極めなくてはならない。それが、序盤の攻防の鍵となる。先にもいったように、我々が扱う商品の範疇は広大である。しかも、範疇自体が層をなしている。ジャンル、既刊本／新刊本、常備品／非常備品、出版社、発行形態云々。それらの各層において、「カクカクシカジカ」の位置を探らなければならないのだ。そこに、早くも客と書店員の志向性の落差、それも大きな落差が生じており、接客序盤戦の緊張を生むことになる。客にとっては、「カクカクシカジカ」が入手できればそれでいいのであって、書店員にとって貴重な判断材料となる出版社や発行時期などはさして重要なことではない。ジャンルもまた、客にとっては当然の了解事項であり、改めて書店員に説明する必要もない、と錯覚されている。

「ＩＳＯの９０００」の本を訊かれて、「磯野九泉」という歌人か俳人がいたかな、と悩んだ書店員もいる。客にとっては、「馬鹿にしてるのか！」といいたくなるかもしれないが、差し当たり書名を音だけで伝えていること、そして広大な範疇のどこの本が問い合わせられるか分からない書店員の構えを考えるとやむを得ない話なのである。

売り手／買い手の関係において販売という作業を通じて対価を得るのが書店員の方である以上、この落差を埋めるのは書店員側の仕事となる。だから、途中から質問するのは書店員の方になる。

いわば、中盤に差し掛かるころには攻守が交代するのだ。一つの商品を見る見方の枠組みは、先ほどから述べているように客と書店員では違う。言い換えれば、ある商品の属性そのものが客にとってのそれと書店員にとってのそれで異なっているといえるから、書店員の質問はからめ手から攻めるしかない。書店員は、客にとって興味の対象となりそうな属性を通じて、自らイメージする範疇の枠を絞り込んでいくしかないのである。

「その商品のことを、何でお知りになりましたか？　大体おいくらぐらいでしたか？」

　どうしてその本が欲しいと思ったのかを覚えていることぐらい客に期待しても間違いではないだろうし、またそれに、値段というのは購入動機を大きく左右する要因であるためおよそのところは覚えている場合が多い。

「最近の新聞書評で読んだ」、「広告を見た」、「図書館で借りた」、「持っている本の参考文献にあった」などという答えから、書店員はその本の発行時期を推測し、次なる探索の手がかりにする。値段は、単行本、新書、文庫などの発行形態の目安となる。

　実際に知りたいことと表面的な質問の仕方の間には、実はズレがある。そこに、書店の接客における危うさがある。尋ねる内容、語らせる内容を通じて別の事実をつかむ。それは、古畑任三郎の訊問と同じだ。粘り強く質問しながら適度に間合いを置く。古畑が決して犯人を激怒させないのと同じく、書店員も適度な間合いをとり、相手のプライバシーにズカズカと土足で上がり込むような態度は慎まなければならない。その一方で、できるだけ判断材料は集めなければならない。そこに緊張がある。

ここに再び、舞台劇との共通点が見いだされる。舞台を面白くするのもつまらなくするのも、役者の〝間〟だからだ。

「〝間〟は〝魔〟やぞ」といい続けた役者の大先輩がいた。そのとき、〝魔〟は危険なものであると同時に、思わず魅せられてしまうものというニュアンスをぼくはもった。下手な役者は、相手の台詞を聞かない。あらかじめ分かっている相手の台詞が終了した瞬間に、あらかじめ決まっている自分の台詞を喋る。役者は、自分の台詞はもちろん、相手の台詞もあらかじめ知っている。そうでなければ、台本通りに劇を進行させることができない。しかしながら、その役者の演じている人物（役）は、相手役が何をいうかをあらかじめ知っているわけではないのである。役の側の状況を受け入れられなければ、それは演技ではない。舞台の上では、まったく嘘くさい。そういう演技を「台詞待ち」という。「台詞待ち」演技がそれと知れるのは、相手の言葉を聞いてそれを理解するために必要な自然な〝間〟が存在しないからである。本来存在するはずのその〝間〟が表現するのは、相手の台詞に対するリアクションであり、コミュニケーションの成立なのである。書店においても、相手の、すなわち客の言葉をキチンと受け止めず、手前勝手な通り一遍の質問を続けているだけではコミュニケーションは成立しない。

一方、相手の台詞が完全に終わったのを確認するかのように、やたらに間をあける役者も困ったものである。会話がまったく弾んでいかず、コミュニケーションが停滞する。書店現場でだって、質問してくる書店員がしばしば押し黙る状況が続いたら、客も解決の期待がもてず、必要な本を探すという二人の共闘は成り立たないだろう。かといって、相手の台詞を遮るように口を出す、いわゆる「噛む」ことは舞台においても書店においても興を冷ます。

おしなべて〝間〟の悪さは舞台においても書店においても致命的であるが、実はその傷の深さは、書店現場の接客においてより大きくなるものと考えられる。〝間〟の悪い芝居は、客席の顰《ひん》蹙《しゅく》を買いながらでもとりあえず進行するが、接客においては、〝間〟の悪さは接客そのものの進行を止めてしまうことになるからである。それは、〝間〟の悪さが〝聴く〟ことの欠如から来ることによる。先に述べたように、書店現場での接客の大部分は「問い合わせ」であり、客の求めるものを知るために途中から書店員の方が質問する側に回るわけで、〝聴く〟ことのできない接客など言語矛盾でさえあるからだ。〝聴く〟力の欠如はしかるべきリアクションの欠如につながり、それが〝間〟の悪さを生むことになるのである。

ここで、接客におけるリアクションの重要性が浮かび上がってくる。リアクションは、書店員が〝聴く〟ことによって得た理解の結果に現れてくるものであるが、同時にさらなる情報を客から引き出す誘因ともならなければならない。そのためには、そのときの理解度、すなわち客と書店員自身の〝間〟の距離を素直に表現するものでなければならない。驚き、怪訝、何となく分かってきた、あるいは、あとひと押しで理解できる、行き詰まったので情報の角度を変えて欲しい、一からやり直しだなど、リアクションは表情豊かであることによって事態を進行させる。一からやり直し、というのも進行だ。最悪なのは、やりとりが終わってしまうことだ。

このとき、リアクションはいわば「行為遂行的」でなくてはならない。すなわち、リアクションに対する客のリアクションを誘発するものでなくてはならない。客に、さらなる情報を与えようという気にさせるものでなくてはならないのだ。「ちょっと、これだけの情報では分かってもらえないようだな」とか、「あとひと押しで自分の欲しいものを分かってもらえそうだな」とか考えさせ、共闘気分をよりいっそう駆り立てるものでなくてはならない。そのためには、書店員自身がその都度の理解の度合いを明確に伝えなければならないのだ。それを一言でいえば、「表情豊かに」ということになる。

接客論において、このことはよく誤解されている。「接客においては、感情を抑えて」などといわれている。確かに、敵意、蔑視、軽視など、攻撃的な感情は抑えるべきであろう。先に述べたように、我々は決して敵対しているわけではないのだから。しかし、だからといってすべての感情を抑えて無表情であるべし、というわけではなかろう。我々の共闘の目的(客が欲する本を探し出すこと)にはコミュニケーションが不可欠であり、それを生み出して深化させるのは双方の表情だからである。

再び野球を例にとれば、大リーグが観ていて面白いのは、選手が真剣に、感情を表に出してプレーをしているからである。書店員も分からなければ分からないという表情を、見つけだして客に買ってもらったときには嬉しいという表情を、求めるものがなくて悔しければ悔しいという表情を、もっと見せていいのではないだろうか。そのことによってコミュニケーションが円滑になるならば、スタンドに向かって観せる大リーガーの〝芸〟同様、書店員の〝芸〟と呼んでしかるべきと考える。

時として、求められているものの方向がまったく分からないという事態を明確にするために、リアクションや次の質問が客をムッとさせることもあるだろう。書店員は、そのことを恐れてはならない。書店員は「たいこもち」ではないのである。目的は、客の求める商品を理解し、探し出し、差し出すことであり、それが両者の共闘の勝利となるのだから。

その目的に対する真剣さが明らかであれば、多少の踏み込んだ質問も許される。肝心なのは、客にその真剣さを理解してもらう表現力なのだ。そして、最後に至り、目的を達して売買が成立して笑顔で別れれば（場合によって、在庫切れなどでともに悔しがったとしても）共闘の勝利が確認され、その接客時間が双方にとって有意義なものとして終わり、すべての行程が満足のうちに収束するのである。

こうして見ると、書店員にまず必要とされる能力は表現力であることが分かる。自分が何を知りたがっているか、相手の希望をどの程度理解したか（あるいは理解していないか）、相手の要求に対して何ができるか（できないか）を的確および簡潔に表現する力なのだ。一言でいえば、接客のある段階の状況を正確に表現できる能力なのだ。さらにいえば、その時点での状況を我が身に引き受け、表現することなのだ。

いかなる状況も、その場その場で完結したものではない。一つの接客の背後に大きな地平が広がっている。状況を引き受けるとは、その地平すべてを引き受けることである。だから、自分の店、会社、書店業界、出版業界全体に存在するシステムの悪さも引き受ける覚悟が必要である。決して自分自身の所為とは思えないこと、たとえば、乱丁本一冊についても書店員が客に謝罪しなければならない根拠はそこにある。書店員は、出版販売という大きな流れの最前線にあって、背後のすべてを代表しているのである。そうした矜持《きょうじ》がもてないのであれば、自分に直接責任がないと思われることについて謝罪をすることが嫌なのであれば、書店員という役目を降りるべきである。

自らの置かれた状況を引き受け、それを表現する能力をもっとも要求されるのは、ご存じの通り役者という仕事である。「役になり切る」とよくいうが、それは正確にいえば「役の状況を我が身にすべて引き受ける」ということなのであり、役の人物がその役者に完全に憑依《ひょうい》することではない。役者が多重人格者のようにもとの自分を完全に失ってしまっては、あらかじめ台詞と筋立てが決まっている芝居がスムーズに進行するはずがない。役者が日常から舞台へ移るときにしなければならないのは、引き受ける状況の変更であり、意識そのものの変更ではない。ただし、役者が引き受けるべき状況は、その役の係累、生い立ち、性格のすべてであり、むろん接客において書店員が引き受けるべき状況とはスケールが違う。

「感情をこめて！」とのみ叱咤し続ける演出家がいるとすれば、それは無能な演出家というべきである。感情とは、能動的にこめることのできるものではない。ある状況に置かれた者に、否応なくわき起こってくるものなのである。だから、演出家がするべきことは、役者がいかなる状況を引き受けなければならないかを正確に指示することにつきるといってもいい。状況を正確に引き受けずになされるいかなる感情表現も、その芝居においてはニセモノだといわざるをえないからである。

状況を引き受けて表現する仕事は、書店員と役者に共通して要求されるものである。だとすれば、そのことに必要な資質も、伸ばすべき能力も共通してくる。きちんと声の出ること、滑舌《かつぜつ》(2)のいいこと、相手にあわせてテンポを調節し早すぎず遅すぎず話すことができること、接客も台詞も言葉を介しての作業であるからこのあたりは当然であるが、たとえば身振り手振りも客を案内する際に有効な表現手段となるし、すでに述べた通り、表情もまた接客をスムーズに進めるために不可欠な要素となる。

実際、アルバイトの採用面接の際、学校の演劇部などで芝居経験のある応募者を歓迎する傾向がぼくにあったことは否定できない。その根拠は、まず少なくともはっきりと大きな声でものがいえること、決められた台詞をいえること、そして相手の目を見て話すことができることである。実際、それまでの経験で、こうした基本的なこともできないアルバイトを使って難儀したことが多かっただけに、少なくとも舞台を踏む以上、この三つに関してはできるであろうと考えてのことであった。と同時に、役者以外の芝居経験にもぼくは期待した。芝居を一本打つというのは、大変な労苦である。大道具や衣装をつくったり、それを運んで組み立てる。必要な小道具を調達し、チケットの販売までしなければならない。ポスターやチラシ、パンフレットに広告を掲載させてもらうために頭を下げて回る。そうした労苦を、好きなこととはいえ大抵無報酬でやってきた人たちにすれば、報酬つまり給料を得てやる書店での仕事など楽なものではないかと思ったのである。もちろんこのことは、ぼく自身が会社に入って実際に感じたことでもある。

書店の接客において表現力がいかに大事であるかを思えば、その発想は間違っていなかったと思う。芝居をやりたいと感じた人たちは、少なくとも表現をしたいという欲求をもち、その表現

（2）アナウンサーや俳優などが口の動きを滑らかにするために行う発音の稽古。早口ことばを練習するなど。

を磨きたいという動機をもっている人たちだろうから。

ただし、芝居をしたい人たちが、即書店の接客に向いている人たちとはいえない。とくに、芝居をある種の代償行為として選んでいる人たち、すなわち舞台を離れてしまうとまったく表現力を発揮できない人たちがいることを忘れてはいけない。実際、舞台上以外の場所では自閉的で非社交的だが、舞台に立てば信じられないくらいはじける役者がいる。そういった人たちが、舞台の上のみを表現の場と限定していることを決して批判するつもりはない。むしろ、そうした人ほど演劇性に勝っており、観ているものがビックリするような表現力を、たとえば役が役者に憑依したような芝居を見せてくれるかもしれない。しかし、そうした人は接客には向かない。

また、書店員をやるには、主役クラスの役者より脇役の方が向いているかもしれない。書店の店頭においては、主役はあくまで客、少なくとも客にそう思わせる共演者でなければいけないからである。根っからのスターで、舞台は自分に光が当たるためにある、共演者は自分を引き立てるためにいるというような役者はやはり困り者である。こうした役者は、往々にして他人の台詞を聞かないし、状況判断をして動くことがない。そうした性癖が、いかに書店現場ではコミュニケーションを阻害することになるか、またその進行を止めてしまうことになるかは先に見た通りである。

接客という場面において書店員という役割に求められていることは何か、を改めて整理してみると以下の通りである。

まず、相手の言葉をよく聞くこと、そしてそのことを相手に伝えられること。そのためには、相手の目をしっかり見て聞き、時に応じて反芻できること、またその間合いを外さないこと。話が膠着しそうなときに新たな方向を示すことができること。こちらの状況を正確に説明できること。いかなる結果に終わっても相手を不快にさせないこと。必要なときにふさわしい笑顔をつくれること。


挙げれば挙げるほど、名脇役の条件に近づいてくる。

脇役にもいろいろなタイプがある。饒舌である、ということを売りにする脇役もいる。滑舌《かつぜつ》よく、連発銃のように言葉を繰り出し、自分のペースに巻き込んでいくのも接客の一つのやり方である。何といっても一番困るのは、言葉が途絶えて、途方に暮れた書店員が助けを求めて不安な目で周囲を見やるという状況なのだ。しかしながら、じっと相手の話を聞き、暫時《ざんじ》黙想して、やおら相手の所望を理解して提供するというパフォーマンスは横で見ていても素敵である。それができるのは、書店員としての存在感がある人である。言葉を発せなくても決して途方に暮れているわけではない、と相手に納得させる表現力、それが書店員としての存在感である。それは、黙って舞台にいるだけでとてつもない存在感を与える名脇役に通じるものがある。

この場合の存在感とは、もちろん、役者が舞台上の状況と無関係に突出していることではない。そういう場合は、単に目立っているだけである。そういう役者は、舞台の成功には何も寄与しないどころか障害にもなりかねない。舞台で進行している状況を、その演じている役の人間として余すところなく受け入れ、表現しているさまを「存在感」というのである。その表現は、容貌を含めた役者の個々の資質によってそれぞれ異なったものであろう。そして、その異なりが「個性」と呼ばれるものである。つまり、役者の個性とは、ドラマの状況を的確に余すところなく受け入れた上で現れてくるのだ。存在感が個性を招来するのであって、その逆では決してない。

さて、書店という劇場における接客というシーンにあって、状況はさしあたり客が運んで来たものである。先に書いた通り、客がある本を求めるには、またそのために書店に足を運ぶには、その人が背負っている状況が必ず背景としてある。客が何を求めているのか、そのことを知るには、その状況そのものを知るのがもっとも手っ取り早く、かつ的確である。客の状況に立ってみたとき、何をどう提供すればいいかが正確に見えてこよう。そしてそのことは、一回きりの接客に役立つのみならず、繰り返し役に立ち、かつ繰り返されることによりさらに強固な武器となる。そうすることによって、その書店員はお得意様を獲得していくことになる。だから最初は、客の要望、つまり状況を正確に聞き分けることがもっとも大事なこととなる。

客の要望、状況が把握できたとき、そのこと自体が書店員にとって新しい状況を生むことになる。客の所望するものが理解できた、さて、ではそのものをすぐさま提供することができるのかどうか？　書店員はその本を探しに行くことになる。在庫があるかもしれないし、ないかもしれない。ない場合でも、すぐ入手できるかもしれないし、それ自体が不明であるかもしれない。ひょっとしたら、まったく入手の可能性がないかもしれない。どの場合でも、客とその本との関係が新たにはっきりしたことは確かであり、書店員にとってもまた新しい状況に至ったといえる。

　今度は、書店員がその状況を正確に伝えなくてはならない。目録をはじめとしたさまざまなデータベース、自店の販売・発注記録、出版社への問い合わせ、可能なかぎりの手段を講じて目指すべきは、現在の状況を客にできるかぎり正確に伝えることなのである。そこにもまた、当然のごとく表現力が必要となる。接客という作業において重要なのは、そこで伝えた情報が実際に正確であるということにとどまらない。それ以上に、それが今入手できるかぎり最大限に正確な情報であることを客に納得してもらうことが大事なのである。そのためには、真剣であることとともに、正確な情報を提供するために精いっぱいやったことを客に伝える表現力が必要になってくる。

　間違ってもらっては困るが、表現力とは嘘をつく能力ではない。舞台の上でも接客においても、「ほんとう」をやらないと、絶対に「ほんとうらしく」は見えないのである。「らしく見せる」というのは演技ではない。状況を「ほんとう」に生きることが演技なのであり、表現なのである。「与えられた役を生きる」とは、その役の状況を自分のものとして生きることである。役者にとって状況とは、その役が背負って出てくる大きな背景であり、一方では今舞台上で現前し、進行している事態でもある。書店員にとって大きな状況とは、自分が書店員であるそのことであり、先に挙げた書店員として必要な資質とは、このマクロ的な状況を引き受ける資質であるといえる。

一方、一回一回の接客において書店員が引き受けるミクロな状況とは、客がある本を求めているという状況であり、それは客の側の事情から発生する。決して、書店員の側からではない。すなわち、客のために客とともに本を探すというその都度の課題は、書店員に客の状況を引き受けることを、すなわち客の状況と同化することを求める。

「お客様の立場に立って」という標語は、こうした書店員にとって必然的な構えを、すなわち、これなくしては問い合わせに対する接客が成立しないという前提を意味している。

一回一回の接客、すなわち今述べたように書店員にとってのミクロな状況である、客の状況と同化しなければならないという場合に必要な資質とは、自らもまた読者であることであろう。役者もまたさまざまな役に同化することを要求されるのであるが、役者自身とまったく違うものに同化することはできない。たとえば、悪役俳優が実生活でも悪人である必要はまったくない。しかし、何かの拍子に悪事を働いてしまう可能性は何人《なんびと》にもある。だからこそ、悪役俳優は悪人であるという状況を引き受けることができるのだ。そうでなくては「ほんとう」はできないし、

「ほんとう」ができなければそれは演技ではない。仮に動物の役や宇宙人の役が回ってきたとしても、それは動物や宇宙人に仮託《かたく》された人間の役であり、真に動物や宇宙人になることを要求されているわけではない。仮にそうなったとしたら、舞台の上と客席のコミュニケーションそのものが成立しなくなるであろう。

書店員にとって自らも読者であるということは、ある状況下で本を求めるという経験をもっているということである。もちろん、人はさまざまな動機でさまざまな本を求めるから、応援している客の動機や求める本が書店員の経験と一致することは稀であろう。しかしながら、自らもいろいろな動機でいろいろな本を求めた経験をもたない書店員には、客が本を探している状況そのものを了解することすら難しく、客の要望を聞き分ける想像力をもつことはできないのではないだろうか。

よく書店の現場で、「書店員の好きなジャンルの棚を担当させるな」、といわれる。どうしてもそのジャンルについてその書店員の趣味が色濃く出て、客観的な棚づくりができないということらしい。しかしそれは、二重の意味において誤りとぼくは考える。まず、純粋に客観的な、つまりは中立的なというぐらいの意味であろうが、ニュートラルな棚など誰にもつくることはできないからである。もう一つは、本を読めば読むほど人は謙虚となるからである。つまりは、いろいろな立場の相対性を知るようになるからである。

それぞれのジャンルの入門書、概説書を読んでそのジャンルの概観をとらえるということは、とくにそれまでそのジャンルに馴染みのなかった書店員にとっては一つの有効な方法である。出版社が合同で書店員に向けて作成した指南書も存在する。ただし、入門書や概説書に目を通しただけでそのジャンルに精通したような錯覚をもち、指南書通りに本を並べれば問題なしとする姿勢は危険である。一冊一冊の本のランクづけが、そこではいとも簡単になされてしまう。やれ「必備」だ、やれ「その本はいらない」だ、読みもしないで本が序列化されていく。その根拠、その尺度は「権威」によって与えられたものだったり、売れ行きによるものだったりする。実は、それらは本の本質とは直接関係のないものであり、少なくとも本に対する書店員の主体的な関係はスポイルされてしまっている。そうした主体的な関係なしに、読者の視点をもつことは不可能である。

一冊の本を実際に読んでみると、ほかの本についても新鮮な見え方がしてくる。多くの本の、複雑で錯綜した関係も少しずつ明らかになってくる。それらをもっと知りたいと思って、もっと多くの本を読んでみる。本の世界の厚みがますます身に染みてくる。そうした読書体験が、書店員のつくる棚に反映して読者の共振を誘う。そして、さらにその世界の奥深くへ入っていきたいと思い、また本を読む。そうしたとき、その書店員は「好きなジャンルを担当している」といえないだろうか。そして、そのジャンルの奥深さを読めば読むほど、より謙虚になっていっているとはいえないだろうか？

その反対に、書店員が好きなジャンルの棚づくりは客観的にできないと主張する人たちこそ、「客観的な棚」という固定観念をもっているといえるのではないだろうか。さまざまな本と本の関係性があり、それは、たとえば読者との出会いそのものによって膨らんでいき、それこそ関係そのものが生きているといえるときに、どんな「客観的な」棚があらかじめ想定できるというのか。それこそ棚を固定し、生き生きとしたものにしない見方である。担当者自らが本の広大な世界に入っていくことなしに「生きた」棚はつくれないし、時代の要求にも、読者の期待にもこたえられるはずはないのである。指南書は日々、いやそれどころか一刻一刻と古くなっていく。仮にある程度参考になる本のくくり方、並べ方があったにせよ、それに固執したりそういったものに頼るのは担当者としての怠慢であり、棚をまさしく「動かないもの」「死んだ棚」にする仕業となる。

読書とは、本と読者の格闘である。一人ひとりの読者、さらには一回一回の読書という作業に、それぞれの格闘のあり方は違う。書店員にとって、そのあり方のすべてを理解することは、否、そのあり方のどの一つを理解することも本当にはできないといえるだろう。しかしながら、自らも（自らの仕方で）読書という格闘を経験したことのある者ならば、ほかの人の格闘のあり方を想像することはできる。そうでない者には、それが格闘であることすら想像しえない。そうした想像力は、書店員にとって、接客においても棚づくりにおいても不可欠なものである。

「打てば響く」ような接客を目指したいと思う。「打てば響く」とは、すなわち共振のことである。共振には共通な波長が必要である。「波長が合う」とは、決して意見をまったく同じくすることではない。意見が正反対であっても、場合によっては正反対であるがゆえに「波長が合う」ともいえる。それは、テーマに対する構え方がどこかで共通しているからであり、同じことが書店員と客の本に対する構え方についてもいえる。だからこそ、自らも読者であるジャンルにおいては書店員は客と共振することが容易であり、「打てば響く」ような接客が可能となり、コミュニケーションが円滑に行われるのである。

書棚を介しての、すなわち「棚づくり」という作業を通じての書店員と客の静かなコミュニケーションにおいても同じことがいえる。ここでも、重要なのは意見が合うことではない。あくまでも「波長が合う」ことである。目指されるべきは「共振」であって「狂信」ではない。ジャンルへの嗜好と、特定教義の狂信（それに反対する本、少しでも考え方がずれる本は一冊も置かない）とは別のものである。

接客と棚づくり、書店員と客との動静二種のコミュニケーションは、想像力と表現力のいずれを欠いても成立しない。書店員に、読者でありかつ役者であることを求めるのはそのためである。

第三場　演出家としての店長

書店が劇場であり、書店人が役者であるならば、そこにはもう一つ重要な役回りが存在する。もちろん、演出家である。

第一場の最初で、書物を役者に見立てたときには、書物という役者を配置する書店員は演出家の役割も担っていた。接客・販売を含めた上で書店をトータルに劇場ととらえた場合、書店人は、第二場で述べたように役者としてとらえられる。そして、店全体を一貫した方針のもと、多くの構成員をリードしていく演出家の役割を果たすのはやはり店長であろう。

劇団時代は研究所の演出が多かったのだが、そのときの最初でかつ最大の仕事は「キャスティング」であった。劇団員の応援をいくらかは見込めるとはいえ、受講者の数、それも男女それぞれの数に見合った脚本を探してきて、できるだけそれぞれの個性を生かせる配役をする。しかも、個々のモチベーションを落とすことのないよう配慮する。受講料を貰っていることもあるが、それ以上に劇団に新しい力を得たいという気持ちが強かったのは確かだ。オーディションで主役を決定し、それぞれに給料を払えるプロ劇団とは大きな違いがあるのである。

劇団仲間の助言も得ながら、最終的には演出家の一存で配役を決定し、それを研究生たちに伝えて稽古に入ったときには仕事のほぼ六割が終わったといっても過言ではない。あとは自らの選んだキャスティングで稽古を進め、できるだけぼくのイメージを現実化させるために演技をつけ、あるいはスタッフに要望を出していくことだけである。

　脚本やそれぞれの役について具体的なイメージ、つまり舞台で表現したいことがある程度固まっていて、信頼できるスタッフが側にいれば、残りの四割はさして大変なことではない。研究生たちが真面目に稽古に出てきさえしてくれれば（「モチベーションを落とすことのないよう」というのは、微視的にはこのことを維持するためである）稽古は大抵スムーズに進む。皆、役者をしたい人ばかりであり、大抵それなりの仲間意識をもってくるから、舞台稽古（実際の舞台での最終稽古）で多少とちっても、いやむしろとちった方が本番は大抵うまくいく。それぞれがモチベーションを落とすことなく、そしてこちらが十分な信頼を見せれば、観客の入った本番では稽古時の実力以上のものを見せるのである。何回かの経験を経てこのことを確信してからは、キャスティングのあとは割合気楽に演出家の仕事ができた。

　演出家としての店長にも同様のことがいえる。とくに、新規出店の店長に起用された場合、何人かは得意分野やその実力・経験を知悉《ちしつ》し、気心も分かり合った社員（先の例では劇団員の応援）をスタッフとして得ることはできるだろうが、あとは新規採用者に賭けることになる。その場合、「オーディション」（採用面接）と「キャスティング」（採否決定後の担当の割り振り）が非常に重要な仕事となる。演出家の場合と同様、「キャスティング」が新規店の死命を決するといっても過言ではない。

新規出店の準備時は、店長は目が回るほど忙しい。商品搬入の段取りから、不足部分の発注、自ら検品や棚入れをやりながら、いろいろな業者との折衝もある。新しく採用した人たち一人ひとりとよく話をし、個々の特徴と興味をつかむような暇はまずない。勢い、一緒に作業をしている既存のスタッフの意見を聞き、決断をすることになる。そのときの意見交換も、印象批評に終始することが多い。彼は、彼女はこの分野が向いているのではないか、と根拠もないまま、時間に急かされて決定することになる。

しかしながら、新規採用組の多くは新人俳優と同じで、「役にさえつけたら、それでいい」ともいえる。自分に就いた役を、何よりも愛しく思ってくれるのだ。だとすれば、四の五のいわずにできるだけ早くキャスティングをした方がいい。そのあとは、既存のスタッフに一応の責任分担を割り振れば、演出家と同様、ほっと一息つけるかもしれない。

ただし、店長が演出家より厄介な面はある。稽古ができないことである。役者にとって、そして演出家にとって指標となる台本が書店員、そして店長にはないのである。それは、前述したように、書店員が遭遇する一つ一つの接客が、すべてオリジナルな状況、たいていは一回切りの、しかも予想不可能な状況だからである。

芝居の上演においても、観客の反応は本番一日ごとに少しずつ違ってくるだろう。熟練した役者なら、その反応を察知しながら演技にフィードバックさせる。自分のことで精いっぱいで客の反応など感じる余裕のない役者についても、舞台の上での行動は毎日どこか少しずつ違っているだろう。しかしながら、それは台本という指標をもった上での違いであり、台本そのものがない接客とは多様性の次元が違う。

先に述べたように、研究生のモチベーションを崩さないよう彼らが稽古に出てきさえしてくれれば、経験の浅い、あるいはまったくない役者たちを相手にしても演出はできる。それは、それに従って稽古ができる台本が存在しているからだ。

一方、まさに「筋書きのないドラマ」である接客においては何が起こるかが分からない。観客抜きで稽古をすることができないのである。いきおい、開店後の、実際の接客を見ての「ダメ出し」しかできない。すでに「戦さ」は始まってしまっている。準備や訓練は充分とはいえない。台本のない芝居に、事前の稽古はそもそも不可能なのだ。

新入社員らの研修が、基本的にOJT[3]にならざるを得ないのはそのためである。二幕第二場で、実際にぼくが企画・実践した合宿研修を具体的に紹介するが（六五ページより）、そこで行われたのは、徹底して基本的な接客の再確認であったといっていい。日常のOJTにおいても、基本的なことを徹底して叩き込むしかない。問い合わせのあり方をはじめとして、書店における接客状況があまりに多様であるため、やれるのは基本の反復だけなのである。

一方、とくに新規開店前にいうのだが、我々は一週間やそこらの短期興行を目指しているわけではない。ややもすると「開店日に何もかもを間に合わせよう」とする欲が出るが、書店の「興行」はもちろんそれから何年も続くのである。開店日にどう考えても不可能な完璧を期すことよりも、開店後、さまざまな手落ち、失敗を糧として、日々進歩していくことの方が長期的には重要だと考える。その意味で開店後のＯＪＴは、〝稽古即本番〟という両義的な意味合いをもつといってもいい。

そうであればなおのこと、「ダメ出し」は簡潔で具体的でポイントをついたものである必要がある。よく、作品のもっている意味やつくりたい雰囲気などをタラタラと説いて貴重な稽古時間を浪費する演出家がいるが、役者が欲しがっているのは大抵の場合具体的なアドバイスなのである。同じく書店員にしても、どういう風にやればうまくいくかを具体的に知りたがっているのである。

また、気に入らぬことがあるとすぐに稽古を止めて、役者の気持ちや舞台の流れを切ってしまうのも無能な演出家のすることである。書店にあっても、「ダメ出し」は一連の接客が終わった

（3） On the Job Training の略。仕事の現場で業務に必要な知識や技術を習得させる教育研修。

あと、タイミングを見計らって簡潔にかつ的確に行うべきである。お客様が目の前にいらっしゃるのに「ああだ、こうだ」と小言をいうのは「手順前後」というべき悪手であり、接客サービスとしては本末転倒である。一方、あまり後になって注意したのでは、何がどう問題であったのか、注意する側もされる側も記憶が曖昧になってぼやけてしまう。もっとも適切なタイミングをとらえること、〝間〟を計る能力はスタッフ間だけでなくもちろん接客そのものにも通じるものだ。

自らも店頭に立ちながら部下の指導を行う店長の役割は、「幕が開けば緞帳《どんちょう》の裏に隠れる」演出家より、ひょっとしたらオーケストラの指揮者に近いのかもしれない。指揮者は事前の練習にもかかわった上、本番中も直接指揮をする。本番中、演奏者は常にタクトの動きに、ときには指揮者の表情にも充分な注意を払い続ける。役者の場合は、幕が開き、役に入った後には、演出家の顔や存在そのものすらをきれいに忘却してしまった方が大抵うまくいく。

いずれにせよ、店をうまくいかせようと思ったら、スタッフ全員の力量と協力が必要であり、店長一人がいかに書店員として有能であっても、またいかに張り切って号令をかけても、それだけでは何ともならない。店長の仕事とは、個々のスタッフの力量アップを図り、気持ち、仕組みの双方においてそれらを統合することなのだ。そして、状況が多様でおよそ予測不可能であるのだから、力量とは、小手先の技術ではなく、接客の基本であり、それを遵守し追求しようという姿勢そのものであるといえる。その姿勢を、ぼくは「プロ意識」と呼ぶ（詳しくは二幕第一場

「プロ意識ということ」を参照。五八ページより）。その「プロ意識」を育てることが、店長としての最大の仕事であると考える。

さて、もちろん演出家の仕事は舞台をトータルにつくり上げることであり、役者の演技指導にとどまらないことはいうに及ばない。舞台美術、照明、音響、進行（舞台監督）へさまざまな指示を与えなければならない。多くの場合、それぞれの役目にはベテランのスタッフが就いていることが多く、プランニングはそれぞれのスタッフの仕事となる。細かい仕事一つ一つに指示を与える必要はなく、またそれは演出家の仕事でもない。演劇とは、総合芸術であり集団芸術なのである。しかし、だからこそ、舞台全体の仕上がりの責任者として最終的なチェックを、すなわち個々の仕事の総合を演出家が行う必要がある。

書店の店長も同様であり、棚図面はすでにほかの人によって引かれている場合が多く、棚をしつらえるのは什器屋《じゅうきや》の仕事である。店長がいちいち照明を吊るすわけでもないし、BGMは有線放送の会社に一言声をかければ大抵事足りる。しかしながら、それらを「劇場としての書店」総体において効果的に使っているかどうかのチェックは、店長がするべき仕事である。

舞台美術は、役者の演技、ドラマの進行の邪魔にならないこと。つまり、役者が充分に大きく動ける空間を確保できているかどうかのチェックが最重要となる。演劇は、書き割りを観客に見せる芸術ではない。大道具はあくまで背景であって、それが、役者が思いのままに演技することを妨げてしまっては何にもならない。

この事態を書店に置き換えてみると、棚と棚の間がやたらに狭かったり、通路のあちこちに予定外のラックが置かれていたり、仮設の平台をつくったりすることとパラレルである。担当者としては、商品はできるだけたくさん置きたいし、別にそんなに邪魔になっていないじゃないかと思って置いてしまうのだが、多くの場合、そうした作業は閉店後もしくは客数の少ない時間帯に行っているため邪魔にならないと錯覚してしまうのだ。

客のもっとも入るピーク時には、それらのものはまず客の移動や本探しの邪魔になる。本来、主役であるべき客が動きにくくなるような事態は第一に避けなければならない。そうしたことを平気でやってしまうのは、イマジネーションが欠如しているとしか言いようがない。「通路上にラックや仮設の平台を設置すれば目立つ」、「それが客への商品のアピールだ、書店員の主体性の表現だ」と考えているならばそれは大きな勘違いで、そうした輩は、「目立つのは邪魔だからだ」という事実を再確認すべきである。

照明もまた、舞台上での演技、ドラマの進行を観客に見せるために必要なのであって、まさに「光を当てる」ものなのだ。光を当てられたものがよく見えることが目的なのであって、光そのものを見せるのが目的ではない。むしろ、照明が当たっているなどということを思わせない照明こそ最上のものといっていい。だから、演出家としてのチェックの最重要ポイントは、舞台全体に充分光が届いているか、とくに演技がなされている部分、ドラマが動いている部分がキチンと観客に見えるかということである。

高校演劇の舞台で多いのだが、やたらにピン・スポットを使ったり、サスペンションを絞って舞台の一部、もしくはある役者を浮かび上がらせようとしたがる向きがある。それとてまったく効果がないとはいわないが、たいてい余計なことだ。そんなことをしなくても、ほとんどの観客は台詞を喋っている役者か動いている役者に焦点を合わせて観ている。ましてや、ほかの役者がちゃんとリアクションをしているのに、それを光の輪から追い出し、観客に見えないようにしてしまうなどは愚の骨頂である。客席に向けて強い明かりを当てる「目つぶし」という手法を多用したがるケースもあるが、「目つぶし」という名の通り、これは一瞬観客に舞台が見えなくさせる手法、つまりは本来の照明の仕事とは反対なのだということを自覚した上で使うべきである。当然、「目つぶし」をくらった観客は、その後もしばらくは舞台をちゃんと見ることはできない。その状態で舞台を進行させていくとしたら、照明が舞台を見えなくしているという本末転倒の事態に陥らせてしまうことになる。

書店における照明も、書棚の本を客に見せるために設置されているものだ。当然、照明は通路

（4）芝居の大道具の一種。木枠に布や紙を張り、建物や風景など舞台の背景を描いたもの。

上から棚に向かって光を発していなければならない。書棚の真上にあって、真っ直ぐ下を照らす明かりなど無意味なのだ。何かの事情で棚のレイアウトを変えるときなど、とくにそのことに留意する必要がある。そして、強すぎもせず、弱すぎもしない光量であるかどうかのチェックが必要となる。これについては、ずっと店の中にいると現状が当たり前になってどうしても客観的な評価ができなくなるので、客や社内外の関係者でも、久しぶりに店を訪れた人の声に謙虚に耳を傾けるべきであろう。

照明から話はそれるが、いわゆる「ポップ」というものは、どうもピン・スポットの悪弊を連想してぼくは好きになれない。確かに、ポップをつけられたその本は日立つが、周りの本たちはその分沈んでしまう。その本が、周りの本との有意な関係性の中でレイアウトされているのであれば、ポップはむしろマイナスになるのではなかろうか。ある選ばれた本だけが浮き上がる構造というのは、総合芸術の場である「劇場」としての書店にはふさわしくない。ましてや、ポップがあるために並んでいる本が隠れてしまっているなど、決して許される状態ではないと考える。

音響についても同様。たとえば、主役クラスの役者の長台詞を音楽でフォローしようとする悪癖がある。大抵の場合、台詞を客席に伝えようとする役者の努力の邪魔になる。ごくごく単純に考えれば分かることだが、そうした場合、役者の声とBGMは物理的に対立する。結果として、かき消し合うのだ。BGMが歌詞付きの音楽であった日には最悪となる。大抵の場合、無関係な言葉同士のぶつかり合いとなって、観客は二言語を同時に聞き取らなければならないという苦行に立たされる。いきおい、台詞の伝わりは悪くなる。

演出家が音の助けを求めなければならないと思ったときには、それは役者の失敗である。さらには、演出家の、その役者に対する演技指導の失敗である。人間の言葉は、何にも邪魔されずに伝わったときに最大の力を発揮する。BGMに頼らなくてはならないような台詞は、決して客席に感動をもたらしはしない。そして、BGMを実際に流したときに、ただでさえ力をもたないその台詞はそれに妨害されてさらに弱体化する。

ぼくが演出家として音響に力を借りたかったのは、メインは暗転転換のブリッジとしてである。舞台を暗くして、芝居の進行のために必要な転換をしなければならないとき、一番恐いのはその瞬間に観客の気持ちが切れることだ。暗転前の、舞台に感情移入している観客の姿勢を崩さないために、暗転直前から次の場の明転までの橋渡しをしてくれるものとして音響は重宝だった。もちろん、暗転中だから台詞なんてない場面で使ったのだ。やむなく台詞と重なってしまう場面で使うときには、極力音量を落とした。

書店のBGMはなおさらだろう。多様な客が、多様な商品を求めて書店にやって来る。それぞれが求める本は、それぞれの客に無言の台詞を発している。そこには、最大公約数的なBGMなどあるはずはない。書店におけるBGMとは、完全な静けさを求め得ない街中で、その雑音を中和しながら決して客に自己主張をしない、結果的には雑音との相殺の中で客の意識の中では消えていってしまうような音が最上なのだ。それは、実は演劇においても同様で、音響が印象に残ったという芝居はロクなものではない。ぼくは、演劇における音響の役割を低く見ているわけでは決してない。音響そのものが舞台上のドラマ進行に溶け込む状況こそ、その芝居全体の、そしてその中の音響という役割の成功であるといいたいのである。

美術、照明、音響などは、でしゃばり過ぎてはいけない。かといって、それらがまったくない舞台がよいというわけではない。理想的なのは、それらが、舞台のスムーズな進行を目立たぬ形でサポートするように観客の目や耳に触れることなのだ。そのとき、それらは自らの存在を最高の形で観客にアピールできているといっていい。一方、自らの存在をまったく感じさせないことが最高の賞賛を得る存在、すなわち、演出家が自分自身とともに緞帳《どんちょう》の裏に完全に隠してしまいたい人たちが舞台監督をはじめとする裏方さんたちである。やるだけのことをやってしまえば、演出家は、本番が始まると同時に客席で自らの仕事の成果を見届ける（観客になる）ことができる。しかし、本番の舞台の進行を司る舞台監督以下の裏方さんたちはそうはいかない。彼らは、本番中も役者とともに、場合によっては役者以上の仕事量をもって「戦さ」を遂行しているのだ。それでも、彼らの存在は観客席から見えなければ見えないほどいい。「目立つ舞台監督」など、形容矛盾もいいところなのだ。

芝居とは、劇空間とは、このようにして見える部分と見えない部分の力が合わさることで初めて成り立っているものなのだ。

書店という「劇空間」も同じである。目に見えるものは商品としての書籍・雑誌、目に見える動きをするのは店頭のスタッフ、そして客。目に見えない所で台本のないドラマを支えているのは、出版社の営業マン、取次店、検品や返品を仕事とするバックヤードの人たち、事務や経理などの仕事をこなすスタッフ、そうした人々が「劇場としての書店」の舞台監督以下の裏方の人たちに当たるのか。

芝居においても書店においても、客席から見えない人々、見えてはいけない人々が存在し、その人たちが見える部分を支えているという事実。そのことを、そしてその人たちを大事に思う気持ちが、演出家にも、演出家としての店長にも一番大事なことではないかと、真実そう思う。

二幕

書店の現場

第一場　プロ意識ということ

かつて、ぼくは神戸で劇団に所属し、活動していた。もちろん、人件費なしでも採算すれすれの劇団で、ギャランティなど望むべくもなかった。仲間の中には「プロの役者」を目指して東京へ打って出た人もいるが、ぼくは学生時代から神戸で芝居をやり続けてきた経緯を大事にしたかったし、「芝居で食えなければ意味がない」とは思わなかったので、劇団活動を続けながら今いるジュンク堂書店に入社した。

もちろん、役者あるいは演出家として、東京で勝負できるほどのタマではないと自覚していたのも事実だ。だが一方で、東京へ出て食えるようにならなければ演劇活動なんて無意味だ、という風潮に反発していたのも事実である。芝居というものは、あくまで現前性の芸術であり、またそうであるかぎり、地方都市でやり続ける意味はあると思っていたのである。

ジュンク堂書店での仕事と劇団活動の両立は、会社、劇団双方の周囲の理解もあって難しいものではなかった。むしろ、ジュンク堂書店入社後に、ウッディ・アレン(1)『ボギー、俺も男だ』の主役とかベン・ジョンソン(2)『ヴォルポーネ』の演出など、今でも誇りたい仕事ができたといえる。のちに劇団を離れたのも、人間関係の面での、長くやっているとどうしても積もってきてしまう行き違いが原因だった。書店の仕事と両立が難しくてということでもなかったし、まして劇団の仕事において、プロとしてギャラを貰えないからという理由では決してなかった。

そうした、地方で演劇活動を続ける自分の矜持《きょうじ》としてもち続けたのは「プロ意識」である。「プロ」とは、ありていにいえば、その仕事によって自らの生活に充分な報酬を得る人々の総称であろう。状況として、そうした可能性の（ないとは言わぬとも）薄い地方演劇にあってなおこだわるとすれば、「プロであること」ではなく「プロ意識をもつこと」だったからである。なぜならば、さまざまな状況下において「プロ」にはなれない自分たちが登ったりつくったりする舞台を観に来るお客様は入場料を払ってくださっているからだ。その「入場料を払ってくださっている」という事実と、自分たちが演劇活動によって生活に充分な報酬を（というよりいかなる報酬も）得ていないということは全然次元の違う事柄だからだ。

だから、ぼくのいう「プロ意識」とは、「プロであること」すなわち結果的に得る報酬を尺度にしたものではない。結果的に得る報酬がいかなるものであれ（つまりゼロであっても）、自ら

（1）Woddy Allen（一九三五～　）アメリカの映画監督、脚本家、俳優。一九七七年、『アニー・ホール』でアカデミー賞作品・監督・脚本賞を受賞。

（2）Bryan Stanley Johnson（一五七二～一六三七）イギリスの劇作家、詩人、批評家。シェイクスピアの好敵手だった。

がつくる舞台を観るためにお客様が支払ってくださる入場料そのものに対する誠意なのである。具体的にそれが何であったかというと、たとえば台詞をちゃんと覚えていること。このような、きわめて当たり前なことが実際の現場では守られていない。そして、キチンと発声して客席に台詞が届くということ。こうしたごく基礎的なことを大事にしようという主張が、ぼくにとっての「プロ意識」なのだ。

こんなことをいうのは、自分の所属していた劇団のレベルの低さを白状するようなものだと思われるかもしれない。しかし、立派なギャラを貰っている正真正銘のプロの役者でも、これら基礎的なことがクリアされていない場合が多い。芸とか存在感とかいうことでむしろないがしろにされがちなのが基礎的な部分だともいえる。否、他人がどうであろうと関係ない。努力すれば誰でもできる基礎的な部分、いかなる場合にもそれを決してないがしろにしない気持ちを持続していくこと、このことをもってぼくは「プロ意識」と呼んだのである。

そうした「プロ意識」は、実際は煙たがれることが多い。劇団時代に、ぼくにはこんな経験がある。座長が演出と主役を務めた舞台でアンダースタディ（代役）[3]を仰せつかっていたのだが、舞台稽古で、座長が台詞をとちるたびに台本も見ずにプロンプター役を大きな声でやっていた。「代役が台詞を全部覚えているのに、本役がちゃんと覚えていないのか!?」という非難の態度と見られたのか、先輩が走ってきてぼくを叱った。

「座長がイライラするから、やめとけ！」

演出も兼ねる場合、稽古ではアンダーステディを使う回数の方が多く、そのため自然と台詞を覚えてしまったという部分もあるが、まず台詞を覚えることが役者としての基本であり、如何なる理由があれ、それを怠ることは自らの「プロ意識」をおとしめることだという信念をもっていたことも事実である。座長が舞台やテレビでギャラをとる正真正銘の「プロの役者」であったこともぼくの競争意識を煽ったのかもしれないし、そのことが余計にぼくを目障りな存在にしていったのかもしれない。いずれにせよ、ぼくの「プロ意識」とは、「基本を大事にすること」と同義であったのである。

もう一つ、ぼくが大事にした基本は「発声」である。観客席に台詞が届かない芝居など意味がない。幸い、中学時代から演劇部でさんざんしごかれていたぼくは、声量には自信があった。もちろん、それは単にがなり立てることではない。しかし、劇場全体に響き渡るような声量は役者にとって大きな財産であり、またそうした豊かな声量をもっていて初めて、「声を落とした」芝居や「囁きかける」芝居の際にも、客席に充分に台詞を届かせることができるのだ。そして、声の振幅は表現力にもつながる。野球のピッチャーにおいて、スピードの落差が大きな武器である

（3）役者が台詞を忘れたり間違えたりしたときに舞台袖から小声で台詞を教える役目の人。

ように。

「台詞覚え」、「声量」という基本は、突き詰めれば役者の、演劇の本質につながることだといってもよい。すなわちそれは、「台本《ほん》」の内容を観客席に届けることなのだ。

そして、そうした本質をほぼ等しくするもう一つの仕事がある。書店員である。なぜなら、彼らの仕事の本質は「書籍《ほん》」（の内容）を読者に届けることだからだ。書店員は、役者のように肉体表現を通じて内容を伝えるわけではないが、書籍を売るという行為は、決して物質としての紙の束を売ることではないから、（の内容）という付け足しも許してもらえるだろう。だとすれば、そこでも大事なことは「基本を大事にすること」、すなわち書店員としての「プロ意識」が必要となってくる。

一九九七年一一月、仙台店の開店にあたって店長に就任したとき、スタッフは転勤組、現地採用組を含めて、書店員としての経験のない人あるいは浅い人ばかりだった。開店にあたって、スタッフ全員にお願いしたかったことはただ一つだった。彼ら彼女らが一朝一夕に大ベテランのような知識をもって欲しいとは望まない（望んでも無理である）。ただ、最初から「プロ意識だけはもって欲しい」といった。アマチュア劇団時代のぼくはプロにはなれなかったが、プロ意識をもつことはできた。そして、そのことが、アマチュアとしての活動の上でももっとも大事なことだった。このことは、ほとんど素人集団で新規店を始めるときにも通じるはずである。そしてスタッフ全員に、書店員としての「プロ意識」とは、すなわち大事にすべき基本とは何かという意味で次のようにいった。

「お客様や先輩、業界の人たちの話に真摯に耳を傾け、自分の知らないことを吸収していって欲しい。乾いたスポンジがもっともよく水を吸うように、知識がほとんどないあなたたちだからこそそれがやりやすいのだ。そして、どこまで行っても、自分はもう充分知っているなどと思わないように。常に、謙虚であって欲しい」

それは、ぼくが自分自身に向かっても発した言葉でもあり、何年、何十年と書店員を続けたベテランにも共通する「プロ意識」である、と信じている。そして、仙台で、そうした初々しいスタッフたちとともに新店を船出できたことで、もう一度初心に立ち戻れたことを大変幸福だったと思っている。

アマチュア劇団に所属して活動しながら、どうしてもこれだけはもち続けていきたかった「プロ意識」、「素人集団」の船出を根底で支えてくれた「プロ意識」、それは、特別な能力をもつ者の特別な力ではない。自分を見てくれる人々（観客、お客様）に対してこたえたい気持ち、感謝の気持ちを表現する能力なのである。そうした表現能力に必要なのは、何よりも「ほんとう」ということである。芝居が、「うそ」を見せるものだというのはまちがいである。芝居は、「うそ」のような状況に置かれた人間の「ほんとう」を見せることなのである。ましてや、書店現場における商売は、もちろん虚構ではなく現実だから、書店員がお客様に見せるべきは「ほんとう」である。お客様が本を買ってくださることに対する本当の感謝の気持ちを相手に分かるように表現すること、これが書店員にとっての「プロ意識」なのだ。何より、買ってくださったお客様に満足していただくために。

たとえば、最近ぼくがこだわっているのは「いらっしゃいませ」という一言である。「いらしゃいませ」は接客の第一歩であるから、まずこの言葉が「ほんとう」でなくてはならない。「ほんとう」であるということは、「いらっしゃいませ」を、マニュアルに書いてあるからではなく、また上司や先輩からいわれたからいうのではなく、「ほんとう」にそう思うから自然と出る言葉にしなくてはならないのだ。そのためには、「いらっしゃいませ」の意味が分かっていなくてはならない。

「ほんとう」ということを大事にするとき、単にマニュアルにあるからいうというのは論外であるが、「ほんとう」を表現しているつもりのときでも、「いらっしゃいませ」を「ようこそ、いらしてくださってありがとうございました」という意味で、あるいはそのような気持ちで発している場合が多いのではないだろうか。お客様から問い合わせを受けたときに「いらっしゃいませ」、あるいはカウンターに商品を持ってきていただいたときに「いらっしゃいませ」、たいていの場合、「ようこそ、いらしてくださってありがとうございました」という意味で使っていると見てよい。

だが、本来「いらっしゃいませ」は、「来てください」という命令文の尊敬語なのである。たとえば、市場などでウロウロしている客に対して、「どうぞ、（他店ではなく）うちの店に来て買い物をしてください」と訴える言葉なのだ。だから、そこには是非自分の店に来て買い物をして欲しいという切実な訴えがなければならず、またその切実な気持ちが表現できていなくてはならない。決まり文句だからとりあえずいっておくという態度はもちろん、来ていただいたことへの感謝の気持ちを表すということだけでは充分な表現ではないのだ。ほかの店ではなく、この店で買い物をしてくださいという気持ちを、すでに店に来て、商品をカウンターに持ってきている客に対する「いらっしゃいませ」に託すのは厳密にいえば不自然だ。

では、問い合わせを受けたときや、商品購入時の「いらっしゃいませ」はいうべきではないのかといえばそんなことはない。「ようこそ、いらしてくださってありがとうございました」という気持ちとともに「次の買い物も、またこの店でするためにお越しください」という意味をも含めば言葉の本来の意味に近くなる。その気持ちを「ほんとう」にもち、その「ほんとう」を表現することが、プロ意識を伴った「いらっしゃいませ」であると思うのだ。

「ありがとうございました」もしかり。そのお客様が自分の店でその商品を買ってくださることは、単なる偶然、書店の数と基本的にはどこでも同じ商品を買えるという事実、そのお客様がその商品を買おうと決心したことの偶然性を鑑みると、それはたいていの場合、確率的には決して高くない事態、すなわち「有り難い」ということであることを充分認識した上で、またそのことに対する感謝の気持ちをもって初めて「ほんとう」の「ありがとうございました」を発することができる。そこに、充分な声量が必要なことはいうまでもない。言葉は、発する相手に届いてこそ意味があるからである。

ただし、芝居と同様、単に大声を上げればいいのではないし、大声である必要もない。相手＝客に届いてこそ意味があるのであり、それさえできていれば声量の客観的数値などはどうでもいい。そうした信念をもって、ぼくはかつて、竹内敏晴氏(4)の実践を参考に「言葉かけのレッスン」というものを新人研修のときに大真面目に試みたことがある。いわゆる「接客用語」を「決まり文句」としてではなく、その「ほんとう」の意味を「ほんとう」の気持ちでお客様にぶつけることができること、それこそがプロの書店員の接客の第一条件だと信じているからである。

そういえば、それ以外にもいろいろな研修プログラムを試した。古いテレビ番組を参考にした「その手にのるな！」。これは、何人かの先輩社員が、ある問題についての答えをそれぞれに述べ、新入社員が真実を言っている人を当てるという趣向のものだ。新人、先輩織り交ぜてKJ法(5)をやらせ、それぞれの成果を発表してもらったり、話題になりつつあったころはディベートをやらせたこともある。いずれも、相手のいうことをよく聞き、自分のいいたいことを相手に伝えるコミユニケーションこそが接客のアルファでありオメガである、「聞く力」と「説得する力」が養成されるべき第一（あるいはすべて）であるとの信念から行ったものである。

日常見られる平凡な接客風景、あるいは書店員同士の会話をスキット風に見せ、間違いを探し、正解もしくはより良い行動を指摘させるという「ダウトを探せ」（これも古いテレビ番組からヒントを得たもの）というプログラムもやった。日ごろの接客における意外な勘違い、ちょっとした「手筋」を教えようとしたもので、非常に具体的なプログラムだった。これについては、第二場で紹介したい。

さて、「プロ意識」はもちろん「プライド」というものにも通底する。ぼく自身、「書店人の矜持《じ》」にはずっとこだわってきたし、周囲にも「プライドをもて」といい続けてきた。先の「ほんとう」論議同様「プライドをもつ」とは、根拠もなしに自信をもったり威張ったりすることではない。その正反対のことである。「プライドをもて」とは「プライドのもてるような仕事をし

（4）（一九二五〜）演出家。東京都生まれ。著書に『劇へ〜からだのバイエル』（青雲書房、一九七五年）、『ことばがひらかれるとき』（ちくま文庫、一九八八年）など。

（5）文化人類学者川喜田二郎が考案した、フィールドワークのためのデータ統合法。メモノートやパンチカードを駆使して、データから新たな発想を生み出す。詳しくは、『発想法』『続・発想法』（一九六七年、一九七〇年、共に中公新書）参照。

ろ」ということであり、それは、棚づくりから接客まで書店員の仕事すべてにわたる。そして、「聞く」ことの力、知らないことを聞かれるたびに自分のものとしようとする姿勢、それらを貫くことが「プライドをもつ」ということなのだ。だから、とくに最後の部分に関しては、真に「プライドをもつ」とは真に「謙虚である」ことと同義なのである。基礎的な部分を固め、充分な準備をして、なお何が起こるか分からない接客現場という地に足をつけてお客様を迎え、予想外の出来事にも柔軟に対処していこうとする姿勢、これこそをぼくは書店員の「プロ意識」と呼びたい。

第二場　書店人のためのエチュード

先ほど少し述べたように、ぼくが新人研修において試みたさまざまなプログラム中で「ダウトを探せ」というものがあった。これも、昔見たテレビ番組を参考にしたと記憶しているが、その元になった番組がどんな番組で、誰が司会をやっていたかなど具体的なことは完全に忘れてしまった。ただ、日常のワンシーンをスキット風に見せ、間違い探しをさせるというような趣向であったと思う。それを、書店現場に応用したのだ。すなわち、ありふれた風景の中で見過ごされがちな間違い、勘違いを浮き彫りにしようというのが課題であった。

実際の新人研修の場では先輩社員がスキットを演じ、新人に「ダウト」（誤まった応待）部分を指摘させ、正しい応待を述べさせるというやり方で行った。とはいえ、実は間違いを演じる先輩社員の方に、思い込みを再発見し、再整理させる効果をより期待したものでもあった。ぼくにとっては、「新人研修」は「新人を利用した既存戦力の再研修」の意味合いも強かったのだ。「ありふれた風景の中で見過ごされがちな間違い、勘違い」がどうして生じてしまうのか、書店員自身の勉強不足という面も確かに大きい。だが、これまでも述べてきたように、書店員と客の立場の相違の無自覚から来るケースが圧倒的に多いのだ。立場の相違が言葉の使い方のズレを生み、それを修正できぬまま、相手がいったい何を欲しているかを理解することに失敗し、ついには双方がもちろん当初望んでいたはずもない、そしてどちらにとっても不幸な結果に終わる「トラブル」を召喚してしまう。

誰にとっても得のないそうした結果を避けるべく、あえて「エチュード（練習問題）」を再録してみたい。どういうわけか連発してしまうトラブルに悩む書店員、どうして自分の望みを書店員が理解してくれないのかと苛立つ読者双方にとって、何らかのヒントとなるかもしれないと思うからである。ただし、敬語の正しい使い方や「業界用語」の説明など、狭義の新人研修にとどまるものは割愛し、具体的な書籍名もできるだけ最近のものに変えた。また、研修時のシナリオでは、Ａ（客）、Ｂ（店員）などの表記だったが、目の前で先輩が演ずるならそれでよいが、単に読むことで具体的なイメージを抱いていただくには少し不親切かつ不便だと思うので役名をつけた。役名から変な先入観をもたせる危険を冒してでも、多くの人にイメージしてもらえやすい、言い換えれば役名を見ただけでその役を同定しやすいように、書店員たちの名に阪神タイガースの投手、客の名に読売ジャイアンツの打者の名を採用した。知っている人にとってはすこぶる図式的であり、野球に興味のない向きには何の助けにもならない方法であるが、どんな役名をつけてもそうした不公平は出てくるのだから、ぼくにとって一番楽な方法を取らせていただいた。では、早速エチュード（練習問題）に挑戦していただこう。

第一景　問題篇（次のシナリオを読み、不適切な部分を挙げ、その理由や正しい応待などを説明してください。）

（登場人物）

書店員：村山（ベテラン女性社員）
　　　江夏（中堅女性社員）
　　　中西（若手女性社員）
　　　井川（新人女性社員）
　　　福間（中堅女性社員）

出版社営業マン：若松

客：長島・清原
　中畑・松井
　高橋・吉村
　落合・川上
　青田

場所：ある書店のカウンター

長島（客）、井川（店員）に声をかける。

長島　ちょっと、すみません。講談社文庫の『箱根の坂』の中巻が抜けてるのだけど。

井川　講談社文庫の『箱根の坂』の中巻ですね？（検索端末を叩いて）少々お待ちくださいませ。

井川、探しに行く。

中畑（客）が、中西（店員）に声をかける。

中畑　中央公論の『宇宙からの帰還』、単行本であると思うんだけど、在庫ありませんか？

中西　（先輩店員の江夏に）単行本で『宇宙からの帰還』ありますか？

江夏　常備で一冊入ってたと思うから、見てくるわ（探しに行く）。

中西　お願いします。

『箱根の坂』の中巻を探しに行っていた井川が帰ってくる。

井川　申し訳ございません。ただいま在庫を切らしておりますので、ご注文でお願いいたします。

長島　どれくらい、かかるの？

井川　取次店にございましたら二〜三日、なければ出版社まで注文書が回りますので二〜三週間かかります。

長島　まあ、それくらいだったらいいわ。上巻だけ買っていくから、注文しておいてね。（去る）

高橋（客）現れ、井川に話しかける。

高橋　アガンベンの『アウシュヴィッツの残りのもの』という本を探しているのですが。

井川　出版社はお分かりですか？

高橋　月曜社というところです。

井川　（村山に）知ってますか？

村山　いやあ、聞いたことないわね。

井川　（取次店の「取扱出版社一覧」を見ながら）載ってないですね。どうやら、当店で取り扱いがないようですので、ご注文いただいても入らないですね。

高橋　新聞に広告が載ってたんだけどな。（と、新聞広告の切り抜きを見せる）

井川　誠に、申し訳ございません。

高橋　いや、いろいろお手数かけてすみませんでした。（と、去る）

井川　（高橋を見送りながら、村山に）取り扱いのない本の広告が出ることもあるんですね。

村山　まぁ、たいていは新刊が出回ってすぐくらいに広告を出すから、店頭にあるものだけどね。広告が出たときに書店に本がなかったら、出版社にとっても何の意味もないから。

『宇宙からの帰還』を探しに行っていた江夏が戻ってくる。

江夏　（戻ってきて中西に）はい、これ。（と、本を渡す）

中西　（中畑に）お待たせいたしました。こちらでございます。（と、本を差し出す）

中畑　いや、単行本だからもっと小さいやつよ。

中西　ああ、文庫でございますか。（見に行ってくる）申し訳ございません。ただ今、切れておりますのでご注文となります。

中畑　じゃあ、お願いします。

中西　（客注用紙を渡す）

中畑　どのくらいかかるの？

中西　取次店にございましたら二～三日、なければ出版社まで注文書が回りますので二～三週間かかります。

中畑　そんなにかかるの？　でも、中央公論やったら割合大手だから比較的早いんじゃないの？

中西　そうですね。出版社の営業部に注文書が届きましたら、すぐそこから納品してくれます。取次店との行き来の便も多いでしょうから、中小の出版社よりは早く入ってくるでしょう。

中畑　そしたら、お願いします。

中西　（客注用紙を見て）あの、お客様。ご住所もお願いいたします。
中畑　いや、入ってきたら電話してもらったらいいから。
中西　では、電話連絡と書いておきます。ありがとうございました。

落合（客）、井川に声をかける。

落合　すみません。新評論の『聖王ルイ』という本を探しているんですが。
井川　（書籍総合目録を見ながら）新しい本でしょうか？
落合　そんなに新しい本ではないと思いますが。
井川　それでは、目録に載っていないので絶版かと思われます。

初老の紳士青田、井川に声をかける。

青田　岩波書店の『現代の問いとしての西田哲学』はあるかかな？
井川　それは、古い本でしょうか？
青田　そんなに古い本じゃないと思うが。

井川　新刊ですか？　少々お待ちくださいませ。（内線で）新刊で岩波書店の『現代の問いとしての西田哲学』ありますでしょうか？　はい。最近、新刊で西田哲学関係は見た覚えがない？　はい、すみません。（青田に）新刊でしたら、まだ入荷していないようです。

青田　（首をひねりながら去る）

清原　ちょっと漠然とした話で申し訳ないんですが、中国の人の名前がタイトルになった本を探しているのですが。

村山　出版社とか、著者とかお分かりにならないでしょうか？

清原　著者は「宮」で始まる名前だったかと思うのですが。

村山　？

清原　出版社は結構有名なところだったと思うのですが。

村山　それは小説ですか？

清原　はい確か。

若松　ごめんくださいい。講談社と申しますが、文芸書担当の方お願いできますでしょうか。

中西　村山さん、講談社さんがお見えです。

村山　（講談社営業部員に気づき）ああ今日は。こちらのお客様、お聞きしてくれる？

中西　いらっしゃいませ。

清原　講談社か、新潮社じゃなかったかな。
中西　文芸書でございますか？
清原　はい。
中西　書名や著者はご存知ですか？
清原　それが、はっきりしないんです。
中西　新刊でございましょうか？
清原　そうだと思うんです。新聞で見たから。
中西　新刊は、タイトルか著者がはっきりしないと探せないのですが。
清原　だったら、もう一度調べて出直します。

内線電話が鳴る。江夏、取る

江夏　はい、一課です。はい、吉本隆明さんの本ですね。確認します。

松井（客）、井川に声をかける。

松井　日本文芸社の『はじめての手話』という本を探しているのですが。

井川　少々お待ちください。（内線をかけ）日本文芸社の『はじめての手話』という本、お願いします。

福間　（内線を受け）日本文芸社の『はじめての手話』ですね。折り返します。

江夏、本を山のように運んできて内線をかける

江夏　こちら一課ですが、先ほど聞かれた吉本隆明さんの本、カウンターに置いておきますのでご案内お願いします。

内線がなる。井川、取る。

福間　二課ですが、先ほど聞かれた『はじめての手話』なんですが、手話の本はいろいろあるのですが、この本だけ切れていますので客注でお願いします。

井川　（内線を受け）分かりました。お客様、誠に申し訳ございませんが、ただ今この本は品切れになっていますのでご注文になります。

松井　じゃ、ほかの店を探してみます。（去る）
吉村　すみません。雑誌の前の号を探しているんですが。
中西　何という雑誌でしょうか？
吉村　「優駿」の先月号なのですが。
中西　ああ、昨日入れ替えて返品したところですね。ご注文になりますか？
吉村　どのくらいかかるの？
中西　問屋にあれば二〜三日で入りますが、なければ二〜三週間です。
吉村　しょうがないな。どうしても欲しいから注文しておいて。
中西　ではこちらに、ご住所、お名前、お電話番号をお願いします。
（村山に）でも、雑誌の出版社も大変ですね。毎月毎月返品が返ってきて。
村山　そうね。うちだけでも毎日あれだけ出るんだから、全国にしたら大変な量やね。それが全部返るんだから、倉庫はすぐいっぱいになるわね。
川上　小学館の『日本語大辞典』が欲しいのですが。
井川　（村山に）うちに在庫あります？
村山　確か、全一三巻で一九万いくら、さすがに置いてないから注文でお願い。
井川　在庫はございませんので、ご注文になりますが。

川上　じゃ、注文でお願いします。
井川　それではこちらに、ご住所、お名前、お電話番号をお願いいたします。
川上　どれくらいかかるの？
井川　問屋にあれば二〜三日、なければ二〜三週間かかりますが。
川上　できれば、明日にでも欲しいのだけど。
井川　明日というのは、ちょっと……。
川上　じゃ、いいわ。ほかの店を当たってみる。（去る）

第二景　解答篇

場所：ある書店のカウンター

長島（客）、井川（店員）に声をかける。

長島　ちょっと、すみません。講談社文庫の『箱根の坂』の中巻が抜けてるのだけど。
井川　講談社文庫の『箱根の坂』の中巻ですね？（検索端末を叩いて）少々お待ちくださいませ。

解答・解説――検索端末を叩いて

すでに講談社文庫だということが分かっているのに、何のために検索端末を叩くのか？　著者の司馬遼太郎を調べたいというのなら、上巻は見つけておられるのだから客に聞いた方が早い。問い合わせ即検索端末という条件反射の悪しき典型。

井川、探しに行く。

中畑（客）が、中西（店員）に声をかける。

中畑　中央公論の『宇宙からの帰還』、単行本であると思うんだけど在庫ありませんか？

中西　（先輩店員の江夏に）単行本で『宇宙からの帰還』ありますか？

江夏　常備で一冊入ってたと思うから、見てくるわ。（探しに行く）

中西　お願いします。

『箱根の坂』の中巻を探しに行っていた井川が帰ってくる。

井川　申し訳ございません。ただいま在庫を切らしておりますので、ご注文でお願いいたします。

長島　どれくらい、かかるの？

井川　取次にございましたら二〜三日、なければ出版社まで注文書が回りますので二〜三週間かかります。

長島　まあ、それくらいだったらいいわ。上巻だけ買っていくから、注文しておいてね。（去る）

解答・解説——（去る）

ここで去らせてはいけない。長島は、二〜三週間後に来店し、「『箱根の坂』の中巻を注文しておいたのだけれど」という可能性が強い。そうなったとき、無用に客注控を探すことになり兼ねない。補充が入ってきていればいいが、また売り切れてしまっていた場合にさらに不興を買う恐れがある。とくにこの場合、上巻は買っていかれたのだから、「確実に入荷をご案内させていただくために、注文用紙にご記入いただけませんか？」とお願いしておく方が無難。

高橋（客）現れ、井川に話しかける。

高橋　アガンベンの『アウシュヴィッツの残りのもの』という本を探しているのですが。

井川　出版社はお分かりですか？

高橋　月曜社というところです。
井川　（村山に）知ってますか？
村山　いやあ、聞いたことないわね。
井川　（取次店の「取扱出版社一覧」を見ながら）載ってないですね。どうやら、当店で取り扱いがないようですのでご注文いただいても入らないですね。

解答・解説――当店で取り扱いがないようですので

月曜社は、二〇〇一年に設立された出版社。当然、その年の取次店の「取扱出版社一覧」には載っていない。我々を巡る状況は日々変化する。また、取次店の扱いがなくても、出版社との直接の取引で入荷している商品もある。取次店の「取扱出版社一覧」などで、扱い、不扱いの判断をしてはならない。

高橋　新聞に広告が載ってたんだけどな。（と、新聞広告の切り抜きを見せる）
井川　誠に、申し訳ございません。

解答・解説――誠に、申し訳ございません。

客が「新聞に広告が載っていた」と教えてくれているのだから、先ほどの「取り扱いなし」という結論を考え直す絶好のチャンスだった。取次店に確認するなり、実際に本を探してみるなり、客が提示した新聞広告に当然載っている電話番号にかけてみるなどの工夫と執念が欲しい。

高橋　いや、いろいろお手数かけてすみませんでした。（と、去る）

井川　（高橋を見送りながら、村山に）取り扱いのない本の広告が出ることもあるんですね。

村山　ま、たいていは新刊が出回ってすぐくらいに広告を出すから、店頭にあるものだけどね。広告が出たときに書店に本がなかったら、出版社にとっても何の意味もないから。

解答・解説――広告が出たときに書店に本がなかったら、出版社にとっても何の意味もない

そんなことはない。出版社が打つ広告には、「店頭に配本したから、是非書店で見てください」という意味合いのものと、反対に「店頭にはほとんど配本せず、店頭でたまたま見つける可能性は低いが、こういう本を出したから是非注文、お問い合わせください」という意味合いのものがある。後者は、読者がかぎられる専門書に多い。そうした本を問い合わせてくる読者は、必要な本は高くても必ず買う書店にとってありがたい顧客であり、より密度の濃い応対をするべきである。

『宇宙からの帰還』を探しに行っていた江夏が戻ってくる。

江夏　（戻ってきて中西に）はい、これ。（と、本を渡す）

中西　（中畑に）お待たせいたしました。こちらでございます。（と、本を差し出す）

中畑　いや、単行本だからもっと小さいやつよ。

中西　ああ、文庫でございますか。（見に行ってくる）申し訳ございません。ただいま、切れておりますのでご注文となります。

解答・解説――ああ、文庫でございますか。

中畑は、確実に文庫のことを「単行本」と思い込んでいる。せっかくの機会だからそのことをお教えしておくべき。そうでないと、これからも行く先々で、その度に文庫本のことを「単行本」ということになる。これは、書店にとっても、客本人にとっても二重手間で時間の無駄。ただし、A６判の本のことを「文庫」と呼ぶのは出版・書店業界の勝手（単に、岩波文庫が九二七年［昭和2］にA6判を採用したからにすぎない）だから、決して客に対して「あなたは間違っている」的ないい方をしてはいけない。「我々の業界では、この大きさの本のことを『文庫』と呼んでおります。単行本というのはシリーズではない単発ものの本のことで大きさには関係ございませんので、今後こうした本を探していらっしゃる時には『文庫本』とご指定いただければ大変ありがたく存じます」などのお願い、依頼の表現を使うべき。
新刊書のことを「新書」というお客様に対しても同様。

中畑　じゃあ、お願いします。
中西　（客注用紙を渡す）
中畑　どのくらいかかるの？
中西　取次店にございましたら二〜三日、なければ出版社まで注文書が回りますので二〜三週間かかります。
中畑　そんなにかかるの？　でも、中央公論やったら割合大手だから比較的早いんじゃないの？
中西　そうですね。出版社の営業部に注文書が届きましたら、すぐそこから納品してくれます。問屋（取次店）との行き来の便も多いでしょうから、中小の出版社よりは早く入ってくるでしょう。

解答・解説――出版社の営業部に注文書が届きましたら、すぐそこから納品してくれます。

文庫一冊の注文が大手出版社の営業部に届き、すぐにそこから出庫・納品してくれることなどあり得ない。大手では、在庫はほとんど別倉庫（会社）の管理であり、単品の受注・出庫は営業部員の預かり知らぬところで行われている。大手ほど早いというのも間違い。あるとき、客注品についての入荷調査をしてみたところ、客注品の着荷、事故連絡の有無のワースト3はすべて大手の出版社だった。

中畑　そしたら、お願いします。
中西（客注用紙を見て）あの、お客様。ご住所もお願いいたします。
中畑　いや、入ってきたら電話してもらったらいいから。
中西　では、電話連絡と書いておきます。ありがとうございました。

解答・解説――では、電話連絡と書いておきます。

お客様のご要望通り電話連絡をしてさしあげるのは問題ないのだが、その場合でもご住所は聞いておくべき。最近は携帯電話の普及で事情が変わったが、いくら電話をしてもつながらないケースがある。つながったとしても留守で、家人への伝言などもおぼつかない場合が多い。

最悪の場合、電話番号を書き間違えているケースもある。連絡手段は多い方が無難である。

落合（客）、井川に声をかける。

落合　すみません。新評論の『聖王ルイ』という本を探しているんですが。
井川　（書籍総合目録を見ながら）新しい本でしょうか？
落合　そんなに新しい本ではないと思いますが。
井川　それでは、目録に載っていないので絶版かと思われます。

解答・解説――目録に載っていないので絶版かと思われます。

「新しい」「古い」という言葉は難しい。人によって、それぞれの指す期間がかなり異なるからだ。井川の「新刊」「既刊」の違いは、年一回刊行される『日本書籍総目録』に載っているか載っていないかであった。店ごとのデータベースや検索端末が普及、インターネットでも調べられるようになって『日本書籍総目録』だけに頼っていたころのこうしたミスと行き違いはずいぶん減ったと思うが、「新しい」「古い」、「新刊」「既刊」という言葉の使い方が人によって大きく違うことは変わっていない。そのことに注意を促す意味で例示した。ちなみに、『聖

『王ルイ』は二〇〇一年一二月の刊行である。

初老の紳士青田、井川に声をかける。

青田 岩波書店の『現代の問いとしての西田哲学』はあるかな？
井川 それは、古い本でしょうか？
青田 そんなに古い本じゃないと思うが。
井川 新刊ですか？ 少々、お待ちくださいませ。（内線で）新刊で岩波書店の『現代の問いとしての西田哲学』ありますでしょうか？ はい。最近、新刊で西田哲学関係は見た覚えがない？ はい、すみません。（青田に）新刊でしたら、まだ入荷していないようです。
青田 （首をひねりながら去る）

解答・解説――新刊でしたら、まだ入荷していないようです。

先程の客落合は、半年くらい前に出た本を「新しい本」とは思えず、青田は四～五年前（一九九八年刊）に出た本でも「古い本ではない」と思っている。歴史ある岩波書店の本を探しに来る青田としては、その感覚もむべなるかなと思う。大切なのは想像力と柔軟性である。

清原　ちょっと漠然とした話で申し訳ないんですが、中国の人の名前がタイトルになった本を探しているのですが。
村山　出版社とか、著者とかお分かりにならないでしょうか？
清原　著者は「宮」で始まる名前だったかと思うのですが。
村山　？
清原　出版社は結構有名なところだったと思うのですが。
村山　それは小説ですか？
清原　はい確か。
若松　ごめんください。講談社と申しますが、文芸書担当の方お願いできますでしょうか。
中西　村山さん、講談社さんがお見えです。
村山　（講談社の営業部員に気づき）ああ今日は。こちらのお客様、お聞きしてくれる？

解答・解説——こちらのお客様、お聞きしてくれる？

いくら大事な、もしくは仲のいい出版社の人が来店したとしても、接客の途中でそれを投げ出し、出版社の応接を優先するのは大間違い。「いらっしゃいませ。少々お待ちください」と断り、接客を続行すべきである。それで怒るような出版社の営業マンがいたら、それは営業マン失格である。出版社の来訪にかぎらず、どうしても接客の続行をほかの店員に委ねなければならないときには、それまでにお客様からお聞きしたことを正確に細大漏らさず伝えるべき。本編では、そうしていないがために中西が清原に同じ質問をし、清原が同じことを答えさせられる羽目になっている。最悪である。

中西　いらっしゃいませ。
清原　講談社か、新潮社じゃなかったかな。
中西　文芸書でございますか？

解答・解説――文芸書でございますか？

清原は「講談社か、新潮社」といっている。それがあっているかどうかはともかく、せっかく講談社の営業マンが来ているのだから尋ねてみればよい。よい営業マンは、自社の商品だけでなくライバル社の商品や話題になっている本を知っている場合が多い。

清原　はい。
中西　書名や著者はご存知ですか？

清原　それが、はっきりしないんです。
中西　新刊でございましょうか？
清原　そうだと思うんです。新聞で見たから。
中西　新刊は、タイトルか著者がはっきりしないと探せないのですが。
清原　だったら、もう一度調べて出直します。

内線電話が鳴る。江夏、取る

江夏　はい、一課です。はい、吉本隆明さんの本ですね。確認します。

松井（客）、井川に声をかける。

松井　日本文芸社の『はじめての手話』という本を探しているのですが。
井川　少々お待ちください。（内線をかけ）日本文芸社の『はじめての手話』という本、お願いします。
福間　（内線を受け）日本文芸社の『はじめての手話』ですね。折り返します。

江夏、本を山のように運んできて内線をかける

江夏　こちら一課ですが、先ほど聞かれた吉本隆明さんの本、カウンターに置いておきますのでご案内お願いします。

解答・解説――吉本隆明さんの本、カウンターに置いておきますのでご案内お願いします。

問い合わせをされたお客様は店内におられ、すぐお見えになるのだから、商品をカウンターに山積みしておく必要はない。著作が多く、その著者の本をまとめてそろえてある場合は、棚のその場所にご案内する方がよい。カウンターに山積みにされているより、お客様にとってもその方が探しやすいはずだ。

内線がなる。井川、取る。

福間　二課ですが、先ほど聞かれた『はじめての手話』なんですが、手話の本はいろいろあるのですが、この本だけ切れていますので客注でお願いします。

井川　（内線を受け）分かりました。お客様、誠に申し訳ございませんが、ただいまこの本は品

切れになっていますのでご注文になります。

解答・解説――ただいまこの本は品切れになっていますのでご注文になります。

福間が折角「手話の本はいろいろある」といっているのに、それを松井に伝えていない。松井が、手話の本を欲しがっているのは間違いない。それが、問い合わせた『はじめての手話』でなければいけないのかどうかは未確認。手話の本がいろいろあると申し上げれば、「じゃあ、少し見せてもらいます」ということになり、お気に入りのものを見つけてくださるかもしれない。お問い合わせの本がなかったのは残念だが、そうなれば別の本の販売に結びつくかもしれない。

次善手が最善手を上回ることも、時にはある。問い合わせを受けた商品だけにこだわらず柔軟な対応を。

松井　じゃ、ほかの店を探してみます。（去る）

吉村　すみません。雑誌の前の号を探しているんですが。

中西　何という雑誌でしょうか？

吉村　「優駿」の先月号なのですが。

中西　ああ、昨日入れ替えて返品したところですね。ご注文になりますか？
吉村　どのくらいかかるの？
中西　問屋にあれば二～三日で入りますが、なければ二～三週間です。

解答・解説――問屋にあれば二～三日で入りますが、なければ二～三週間です。

そもそも雑誌のすぐ前の号が問屋にあるだろうか？　昨日返品したばかりの雑誌は、出版社が手持ち在庫として残していなければ返品が出版社に到着するまで待たなければ出庫ができないから「二～三週間」も怪しいものだ。雑誌のバックナンバーの客注は、入荷の時期、入荷の可、不可も含めて慎重に応対すべき。

吉村　しょうがないな。どうしても欲しいから注文しておいて。
中西　ではこちらに、ご住所、お名前、お電話番号をお願いします。
（村山に）でも、雑誌の出版社も大変ですね。毎月毎月返品が返ってきて。
村山　そうね。うちだけでも毎日あれだけ出るんだから、全国にしたら大変な量やね。それが全部返るんだから、倉庫はすぐいっぱいになるわね。

解答・解説――それが全部返るんだから、倉庫はすぐいっぱいになるわね。

雑誌の返品が、すべて出版社に返るわけではない。途中の段階で断裁されるものもかなりある。そのことを含めて、雑誌のバックナンバーの客注については慎重に応対すべきなのだ。

川上　小学館の『日本語大辞典』が欲しいのですが。

井川　（村山に）うちに在庫あります？

村山　確か、全一三巻で一九万いくら、さすがに置いてないから注文でお願い。

井川　在庫はございませんので、ご注文になりますが。

川上　じゃ、注文でお願いします。

井川　それではこちらに、ご住所、お名前、お電話番号をお願いいたします。

川上　どれくらいかかるの？

井川　問屋にあれば二～三日、なければ二～三週間かかりますが。

川上　できれば、明日にでも欲しいのだけど。

井川　明日というのは、ちょっと……。

川上　じゃ、いいわ。ほかの店を当たってみる。（去る）

解答・解説――問屋にあれば二〜三日、なければ二〜三週間かかりますか。
――明日というのは、ちょっと……。

おいおい井川君、川上様は二〇万円近くの商品をご所望なのだよ。そんな、通り一遍の受け答えでいいの？　当然、すぐに電話で問屋在庫を確認し、あれば明日にでも入れてもらう、なければ出版社に電話して直送を頼み、できるだけお客様の希望に添うよう努力すべき。その上で、明日が明後日になっても、入荷時期が明確ならば多分お客様は納得してくれるはず。本編のように逃げられることはない。

第三場　逆説・書店人について

書店人についての一〇の逆説

❶昨日、今日、入ったアルバイトにでも探せるような棚をつくってはならない。
❷相手が客だからという理由だけで、頭を下げ続けてはいけない。
❸書店人の仕事は、「接客」というより「説得」である。
❹終わったことは、できるだけ早く忘れなくてはならない。
❺売れた本の補充は、早ければ早いほどよいとはかぎらない。
❻ほかの書店に勝とうなどとは、ゆめゆめ考えてはならない。
❼売れないジャンルの棚構成比を、決して減らしてはならない。
❽ベストセラーを取り込んで儲けようなどと考えてはならない。
❾客に恥をかかせてもよい。
❿ある単行本が文庫になっているかいないかは知らなくてよい。少なくとも、客に教える必要はない。文庫化の情報を得ていればこそ、客は安く本を買うことができるのである。

ディドロ[6]の『逆説・俳優について』（未来社、一九五四年）を、もちろん意識している。「逆説」であるからして、一見奇をてらったもの、暴論めいたもの、奥ゆかしさを擬したものが並ぶ。しかし、そうした属性だけでは「逆説」は成立しない。「逆説」は、自らの合目的性を、むしろ徹底して論理的に証明しなければならないのである。

書店人の「目的」とは、自らの属する書店の繁栄である。だから、❻や❽はほかの書店に勝ちを譲る卑屈な態度ではないし、共存共栄という空々しい謳い文句でもない。❷や❾は、開き直って傲慢であれといっているわけではないし、❹や❼も、無為を賞賛するものではない。ましてや❺が、取次店に遠慮した態度であることなどあるはずもない。すべての項目が、自らの所属する書店の繁栄に対して合目的性をもって初めて「逆説」と呼べるのだ。

それでは、それぞれの項目について詳しく解説していこう。

❶昨日、今日、入ったアルバイトにでも探せるような棚をつくってはならない。

「この本屋は本を探しやすい」という評判は、書店にとってはありがたい誉め言葉である。「本を探しやすい」書店にこそ読者は足を運んでくれるから、それは商売にもつながる。しかし、忘

（6） Denis Diderot（一七一三〜一七八四）フランスの作家、哲学者。ダランベールとの共同編集で『百科全書』を完成。『逆説・俳優について』は、近代演劇に大きな影響を及ぼした。

れてはならないことは、この誉め言葉の本当の意味は「この本屋は、私が本を探しやすい本屋だ」ということである。どう違うのか？「私が」が、入るか入らぬかでは大違いである。「本を探しやすい」という形容詞句は、常に「〜にとって」という限定が伴うのである。そのことを看過すると、「この本屋は本を探しやすい」といわれたときに、「万人にとって本を探しやすい書店」があり得るという錯覚に陥る危険がある。

もちろん、そんな書店はあり得ない。読者一人ひとりの本についての知識が千差万別であり、また本に接する動機にもさまざまなものがあるために本の見え方が人によって実に多様となるからだ。だから、ある人にとっては非常に本を探しやすい配列が、ほかの人にとってはまるで探しにくい配列であることもありうる。概して、あるジャンルに精通している読者にとっては、主要な著者の本がまとめておいてある棚が見やすいものだし、そうでない読者にとっては書名でまとめておいた方が探しやすい。「昨日、今日、入ったアルバイト」（もちろんこれは、「そのジャンルについて何も知らない人」を意味し、今日入ったアルバイトがたまたまそのジャンルに精通していたなどという例外的な状況は除く）が指示された本をもっとも探しやすい棚は、出版社・書名の五〇音順の配列であろう。そんな棚は取次店の倉庫で、書店の棚ではない。自分の専門の範疇に、何か面白そうな本は出てないだろうか、面白そうな本に出合えないだろうかと店にやって来る読者には、不親切どころか不条理きわまりない棚となろう。

この「逆説❶」は、実際かつて、人文書担当の後輩に送ったアドバイスである。彼は、怪訝な顔をし、「でも、お客様に本を聞かれて、たまたま探しに行ったアルバイトが見つけられなかったら大変じゃないですか」と反論した。彼は、二重の誤解をしているのだ。一つは、お客様は、本の所在について必ず、そしてまず最初に書店員に尋ねてくるという誤解。そしてもう一つ、尋ねられた本を見つけてお客様に差し出すのが書店員の最大の仕事だという誤解である。

後の方から解くと、もしそれが書店員の最大の仕事だとしたら、書店の売り上げは微々たるものになるだろう。一日に、一人の書店員が問い合わせを受けて棚に探しに行き、どれくらいの本をお客様に手渡して、販売し得ているかを冷静に振り返ってみればよい。問い合わせがあれば必死になって探すし、見つけて手渡せたときの喜びが非常に大きいから錯覚してしまうのだ。そのようなことは、実際、その日に販売した自らの担当ジャンルの書籍のごくごく一部にしかすぎない。たいていの本は、客が自分で探してきてレジに持ってきているのである。

「大体、うちの常連がお前になんぞ本を聞くか。たいていの人は、自分の方がこの店のことはよく分かっている、と思ってるよ」と、人文書を担当して間のない彼に少し意地悪な付け足しをしたが、実際にその通りなのである。店の棚のつくりを理解し、評価してくださるお客様、書店員の手を煩わせず自ら棚を回って本を集めてくださるそうした静かなるお客様の存在に気づかず、聞かれることばかりに耳がいって、「昨日、今日、入ったアルバイトにでも探せるような棚」にしてしまったらどうなるか。そうした店の売り上げを静かに支えてくださっている顧客は、静かに去っていくであろう。そして、肝心の売り上げが知らず知らずのうちに落ちていき、しかもその理由がまったく分からないという状況に相成るであろう。そうなったら、店にとっては大変な打撃である。

ぼくら書店員でさえも、ほかの店の本の並びを見ただけで、そのジャンルの担当者の力量を推し量れることは多い。読者が、書店員よりもずっと目の肥えたプロであることを忘れてはならない。棚は店の顧客の厳しい視線を常に浴びているということを自覚すべきである。そして、そうした高いレベルの視線にかなうような仕入れ、棚構成、本の並べ方を実現すべく、担当者は日々精進しなければならない。昨日、今日、入ったアルバイトに探しやすい棚かどうかなど考えている余裕はないはずである。

ただ、あえて付け加えるなら、ぼくはひたすら読者の視線にピッタリの棚づくりだけを目指していたのではない。本当の理想は、この本ならこの書店のこのジャンルに入っていて、これこれこういう所に置いてあるだろう、とぼくのつくった棚を信頼してくださったお客様がなかなかその本を見つけられず、「あれ?」と思っていたら予想外の所にあった。ただし、その置き場も充分理にかなった場所で、「なるほど、こんな所に置いてやがったか」と妙に客を感心させる状況、そうした緊張感とせめぎ合いの中での「静かなる決闘」がぼくの夢でもあった。

❷相手が客だからという理由だけで、頭を下げ続けてはいけない。

とにかく、「お客様は神様」とばかりにただひたすら頭を下げ続ける書店員がたまにいる。これほど客を馬鹿にした態度は、実はない。そして、これほど非生産的な行為もない。接客においてもっとも重要な「聞く」という能力も姿勢も、まったく伴っていないからだ。

とくに、クレーム時。早くお客様の怒りを鎮めたいという気持ちはよく分かる。しかし、何が起こり、何がどう問題であったのかを聞こうとせず、ただひたすら謝ってばかりいるのは逆効果である。クレームをつけてくる客の側からいえば、余計なエネルギーを使って、書店側のどこに落ち度があるかを指摘してあげようとしているのだ。まず頭を下げる、それはいい。だが、下げ続けてはいけない。すぐにお客様の方に向き直るべく頭を上げるべきだ。そして、「聞く」態勢に入るべきなのだ。

クレームの原因となったのはどういう事態か、そのクレームに対して今ここで直接可能なことは何か、今後そうしたクレームが起きないようにするためにはどうすればよいか。この三段階の答えを探らねばならないのだから、「聞く」ことの力は相当なものが要求され、「聞く」姿勢は余程真剣なものでなければならない。頭を下げ続けている場合ではないはずである。まず、真剣に「聞く」演技（繰り返すが演技は「うそ」ではない）ができることがクレーム処理の第一歩なのである。クレームの原因が明らかになったとき、店側に非があると判断された場合はまず謝罪する。そのとき、当然頭を下げる。しかし、それは「相手が客だから」頭を下げるのではなく、店側のミスで相手を不快にしてしまったから謝罪するのである。そこには、落ち度に対する明確な自覚が必要である。

あえて分類すれば、書店においてクレームにつながる事態には次の三種類がある。

①店側が本来提供すべきサービスを怠ったり、客を不快にさせる態度を見せた場合。
②客の要求するサービスと、書店側に提供可能なサービスに落差があった場合。
③客の要求するサービスが、そもそも書店では提供不可能な場合。

応対した者が、客の問い合わせに対して明確な応答をしなかったり、素早く反応しなかったり、言葉づかいを含めて本来表明すべき敬意を表しなかったりする①にあたるケースは、「あってはならない」ことであるとはいえ、クレームへの対応は単純明解である。非礼を心から詫び、もしも事態が膠着したままであれば全力を尽くして解決に向かうのみである。すなわち、お詫びの気持ちを表現し、たとえば問い合わせを受けた本がまだ判明していない場合にはその本を探し出す、あるいは少なくともその本を入手できる可能性、あるいはそれに必要な時間など、状況をできるだけ正確に説明しなければならない。そして、今後同様のことが起こらないように指導を徹底すると表明し、実際にそうするしかないのだ。

そうした一連の動きが真実なものであれば、言い換えれば客がその態度に誠意を感じ取ることができれば、たいていの場合は良い方に収束する。クレームをつける客は、どこかしら店に期待をもっていて、より良くなって欲しいという気持ちを、実は店側の人間と共有している部分があるからである。「クレームは顧客を生む」と、よくいわれる。クレームを乗り越え、店がどうあるべきかについてまでいろいろな意見を聞けるようになれば、その客は「顧客」どころか「顧問」である。

また、③のケースに関しても話は簡単である。これは、値引きをしろとか、商品の一部をコピーさせろとか、客の側の都合だけで書店に無理な要求をしてくるケースである。断れば相手は怒るから、これも一種のクレームである。

こうした「ダメなものはダメ」というケースで書店員にもっとも必要なのは、毅然とした態度である。ひたすら頭を下げて「お願い」するだけでは、相手になめられるか、あるいは相手をなめていると思われるかのどちらかである。「そうしたサービスは書店ではいたしかねる」ということをはっきり表明すべきであり、可能ならばその理由を説明すべきである。そのときに、「再販価格維持契約[7]」や「著作権」「版面権[8]」といった基礎知識をもっていれば大きな武器になる。「説明責任」は、ルールを遵守させる側にあるといえるからだ。

もちろんそのとき、いくら相手が理不尽だからといって、こちらまでカッとなる必要はない。相手を叱りつけることもないし、ましてや喧嘩になっては店側に何の得もない。あくまで冷静に、「ダメなものはダメ」と説明するだけである。そうした態度を「毅然とした」というのである。

例としては少しずれるが、こんなことがあった。

ある日、買い物のあとにクレジットカードをお忘れになったお客様がいた。連絡先が分かれば電話をすれば済むことだが、カード会社に頼んでも持ち主の連絡先は絶対に教えてもらえないことはよく知っている。ぼくはカード会社に電話して、これこれのナンバーのクレジットカードの忘れ物があったことだけを告げ、指示に従ってそのカードを送付した。

数日後、落し主が現れ、クレームをつけてきた。届けてもらった礼をいうどころか、「どこで忘れたか分かっていたからすぐに取りに来るつもりだった。それを、即座にカード会社に連絡するとは何事か」と、お怒りだったのである。再度カードが使えるようになるまでに煩《はん》瑣《さ》な手続きを踏まなければならなかったことが、どうやら不興の原因のようだ。

お客様がカードをしまわれるまで店員が見届けていなかった、注意しておれば「お客様、カードをお忘れです」と声をかけることができて事なきを得ただろうから、そのことについてはまず謝罪した。しかし、即座にカード会社に連絡したことについては、一切詫びるつもりがなかった。「どこで忘れたか分かっていたからすぐに取りに来るつもりだった」などといわれても、ぼくたちが忘れ物に気づいたその瞬間に、そのことがどうして分かるだろう。カードの紛失、発見と届けの間にタイムラグが生じては、その間に万が一何か間違いがあったときに誰が責任をとるというのか、ぼくらにはとりようがない、というのが反論の主旨だった。

行為に落ち度を認められない以上、その行為について「頭を下げる」ことはできない。そのお客様は不満たらたらの様子ではあったが、結局はクレームを取り下げた。

さて、厄介なのは②のケースである。そもそも書店空間においては、どこまでが相応なサービスで、どこからが過剰サービスなのかという臨界面がはっきりしない。一般論としては、設定のしようがないというのが正直なところだ。とはいえ、個々のケースではそれを「仮設」せざるを得ないだろうが、そのときに重要なのは、客の要求が本当にその臨界面を越えてしまっているのか、それともこちら側に「臨界面」内で処理する工夫が足りないだけではないのかということを、

---

(7)「再販契約」と略称する。再販売価格とは、仕入れた商品を再びほかへ販売するときの値段のことであり、メーカーから問屋が買ってこれを小売店へ卸すときの値段も、問屋から小売店が仕入れた商品を消費者に販売するときの小売価格もともに再販売価格である。一九五三年九月、独占禁止法の一部改正により、出版物についても定価販売励行のために再販売価格維持制度が適用され、再販契約のもとに割引販売行為を取り締まることになった。(同法二四条の二)

(8) 著作物の版面を作成した者の権利。著作物を複製した者に対して出版者(社)が使用料を請求できる。ただし、著作権法には今のところ版面権についての条項がなく、法的拘束力はない。

客の要求を聞きながら吟味、判断することである。場合によっては、仮設した「臨界面」を移動させる必要も出てくるだろう。

「いつまでに欲しい」とか、「この間テレビでやっていた本を調べろ」、「何々に関する本をすべて揃えろ、リストアップしろ」、「品切れ本をどこかで探して入手しろ」といった、書店に勤める者なら日常的に出会っている光景である。どの場合でも、大事なのは「臨界面」をしっかり設定し、その範囲内で最大限の努力をすることだ、としかいいようがない。なぜなら、書店も商売であることに変わりはないのであるから、無制限に経費や労力をかけて客の要求にこたえることはできないからである。といっても、それ一回だけの損得勘定で動いているわけではない。そのときは過剰サービスでも、過去未来にわたっての、そのお客様との付き合いの経緯や可能性を充分計算に入れた上での話である。

ただし、こちらの提供するサービスでは満足してもらえないケースも往々にしてある。何よりも「臨界面」が「仮設」なのだから明確な基準を提示しにくい。そして「要求」と「応対」が平行線をたどる状況では、我々の仕事は「接客」から「説得」に変わる。

❸書店人の仕事は、「接客」というより「説得」である。

クレーム処理ほど、終わったあとに空しいものはない。かなりの時間をかけ、誠意のかぎりを表現し、場合によっては多くの知識を総動員して何とか収まったとしても「金返せ」といわれずに済むのが関の山で、経済行為としてのプラス面（つまりは儲かること）など望むべくもない。時によったら必要以上に経費を使っているだろうし、そもそも自分の人件費を計算に入れたら完全な赤字になる場合が多い。

そう考えると、何も難しいことは分からず、また考えず、レジに持ってきていただいた商品をにっこり笑って包装して販売しているアルバイトの方がよほど「儲け」を生み出している。もちろん、クレーム処理をそういった人たちに任せたり責任を負わせたりすることはできない。クレーム処理は、売り場を預かる責任者があたるべき仕事なのだ。つまり、経験を積み、たとえ僅かずつでも給料も上がってきた社員のする仕事がもっとも儲からない仕事なのだ。

愚痴をいっても始まらない。ここは、クレーム処理も楽しんでやるほかない。「楽しんで」とは不謹慎な、と新たなクレームの種をまいたようなものだが、クレームが顧客を生むという「災い転じて」的な可能性を含んでいる一方、少なくとも責任者が「クレーム何するものぞ」という姿勢でおらないと決して売り場はよくならない。

このことは、きわめて論理的に証明できる。クレームを恐がっていてはよい接客ができるわけはない。なぜなら、クレームの発生源は常に客であるからだ。要するに、客さえいなければクレームなど発生しないのだ。だから、論理的にいえば、クレーム撲滅の最短距離は客の撲滅である。

しかし、それでは商売にならない。だからこそ、「クレーム何するものぞ」という姿勢が必要なのである。我々の仕事とは（おそらく、書店のみならずおよそ小売業の仕事とは）、クレームの発生源になりかねない客を歓待することなのである。

確かに、我々店側の人間の瑕疵《かし》が原因となるクレームもある。そのときには詫びる以外にほかにすべはない。しかし、大部分のクレームは、ルールの取り違え、できることとできないことに対する、売る側と買う側の認識の違いによるものである。そのときの店側の責任とは、「詫びる」ことではなく「説明」すること、つまり「説得」することである。

客というものは「わがまま」なものである。それは、言い換えれば、最小限の対価で最大限のサービスを要求するということだ。一方、書店員は、最小限の労力で最大限の利益を得ようと行動する。だから、客から見れば書店員こそ「わがまま」である。商行為の中では、その双方にそれぞれの言い分はあるし、それぞれがわがままであるという事実に瑕疵《かし》はない。ただ、わがままのぶつかり合いの中で交渉が決裂したときには、多くの場合、目に見える損益は店側に生じる。それが、「客に逃げられる」という状況なのだ。だから、「説得」は店側の人間の仕事となる。

「説得」といっても、黒を白といいくるめることではない。互いのわがままを冷静に提示し、とくに店側の事情を「説明」し、「納得」してもらうということなのだ。

たとえば、客注品の問題。「入手までに二週間ほどかかる」といったときに、「もっと早く欲しい」といわれることがよくある。現在、さまざまな方法が講じられているように、その方法は実はある。即日、もしくはもっとも早い出版社の営業日に電話をかけ、着払いで直送してもらう手である。そうすれば、おそらく連絡をした次の日には手元に届いている場合が多いだろう。しかしながら、多くの客注品の場合、その方法で電話代並びに着払いの宅配送料を書店側が負担していたら完全な赤字である。そんなことを繰り返していたら商売にならない。そして、そうした経費を客の側に負担してもらうシステムを書店側は用意していない。客の側だって、よほどのことがないかぎり、そうした諸経費を負担するつもりはないだろう。だとしたら、「二週間ほど」という時間を納得してもらうほかない。それを説明する書店員側が、「二週間なんてあっという間ですよ。本当に読みたい本ならそれくらい待てますよ」という気持ちをもって説明すれば、それは「説得」といえよう。

ぼく自身がとても苦労した事例、ジュンク堂書店仙台店における「座り読み席」を巡る攻防について、少し長くなるが述べてみよう。

仙台店の六〇〇坪の売り場の中央には、七〇メートルに及ぶ直線のメイン通路があり、座り読み用のテーブルを二五、そして椅子五〇脚を用意した。中央の喫茶カウンターで飲み物を買えば、そこで飲むことも可能であった。

マスコミからの取材は、「まだ買っていない本をコーヒーで汚されたらどうするのか？」とい

仙台店のメイン通路

うものがもっとも多かったが、少なくともぼくが在籍した開店からの二年四ヵ月の間は、そのような事故は一度もなかった。そもそも人は、自分の本でもそう簡単に汚すことはない。ましてや、購入前の本を前にしてはさらに慎重になる。まさに「店全体が座り読みのできる喫茶店」といった形式をとった以上、我々にできるのは、お客様のそうした良識に期待することだけだ。それができなければ、最初からそうした構想は無理なのである。だから、マスコミの先の質問に対しては、終始「そんな事態は想定していません」と答えていた。

それよりも困ったのは、商品の書き写しであったり自習である。実をいうと、最初のうちぼく自身は、「まあ、こうやってこの店を利用して勉強した苦学生が、いずれ社会人になって金銭的余裕ができたら、まずうちの店で本を買ってくれるだろう」とかなり寛大に構えていた。ところが、とくに学校が休みの時期になると、ほとんどの椅子がレポートを書く学生に占領されてしまった。これでは元も子もない。本来使っていただきたい年配の方や、ゆっくり購入する本を選ぼうとするお客様に使っていただくことができないからだ。また、商品が傷んだり、汚れたりする原因ともなる。遅ればせながら、筆記具の使用は禁止した。

それまでできていたことを禁止されると、当然、反発が来る。「筆記具使用禁止」の旨を書いたボードをテーブルに配しても、見ようともしないか、見て見ぬふりをしているのだろう。書き写しやレポート作成の客は後を絶たない。見かけるたびに声をかけ、お願いするしかない。店のスタッフたちもだんだん苛立ってきた。

もちろん、座り読み用の椅子とテーブルを一掃してしまえば話は簡単である。元はといえば、そんなものがあるからこのような問題が生じるのだ。しかし、それでは「角を矯めて牛を殺す」ようなものである。我々の狙い通りに使ってくださっているお客様もたくさんいらっしゃるのである。

「半年間、放置したんだ。レポート客がいなくなるまで半年かかるかもしれないが、粘り強く声をかけていくしかない」

ぼくは、皆をこう鼓舞して、自ら西部劇の保安官よろしく、定期的に見回り、客に注意して回った。レポート作成のために未購入の本を写している学生、楽譜を持参の五線譜に写している人、店内の旅行ガイド書を見ながら携帯を使ってホテルに予約の電話を入れている若者、そうした人々を駆逐するのにはかなり骨が折れたし、また完全に駆逐できたわけでもないが、少なくとも強硬な「居直り強盗」にはほとんど会わなかった。

店の若いスタッフたちはそれを恐れていた。つまり、客に注意などしたら怒らせてしまうのではないかと思っていたようなのだが、実際に(ぼく自身もそれなりの勇気を奮って)声をかけてみると、意外にすんなり応じてくれた。「ああ、駄目なんですか?」と、ノートとボールペンをしまう。初めは白々しく感じたが、何度も同じような反応に出合ううちに、本当にこの人たちは自分がやっていることが駄目なことだと知らないのだと確信するようになった。

「ゆっくり読んで選んでいただくために時間を費やしてくださるのは誠に結構なのですが、筆記具のご使用、書き写しは、著作権、版面権などの問題も生じてきますし、また、どうしても商品が汚れて、お買い上げになったお客様からクレームも生じておりますのでご遠慮いただいております」

こういえばほとんどの客は了解してくれたし、また、そういうようにスタッフには指示をした。

こうした実践は、ぼくにとって二重三重の意味をもった。まず第一に、お客様に声をかけるという訓練ができたこと。普通は、客と書店員の会話は客の問い合わせから始まる。書店員側としては、キチンと応対する態勢さえつくっておけばコミュニケーションは開始されるのだ。ところがこの場合は、一所懸命書き写しに集中している客にコミュニケーションの開始を求める作業となるのだから、かなり能動的な行為となる。だからこそある種の躊躇を伴うのだが、それを実践したことによって客とのコミュニケーションに関してさらに自信と興味を覚えた。こちらからクレームをつけるという行為をうまく成し遂げることができたら、普通に声をかけたりすることには何の躊躇もなくなる。そして、普通に店の中を歩いていても、すれ違うお客様にさりげなく「いらっしゃいませ」と声をかける回数が増えた。

第二に、我々書店員の位置について役割の明確化ができ、ある種の自信も芽生え、いうならば「腹をくくる」ことができた。今まであまり考えられなかった書店員から客へのクレーム、それは、逆に客からのクレームを誘発する可能性のある危険なものだ。現に、声のかけ方を間違ったときには逆クレームに発展したこともしばしばあった。

「こちらは客なのだぞ」という意識は、客側の誰しもがもっている。そして、そのことは間違いではない。客をないがしろにしていいなどとは、ぼくもまったく思っていない。しかし、「逆説❷」でいったように、相手が客だからという理由だけで頭を下げ続けてはいけない。相手がゲストならば、こちらはホストなのだ。そして、空間の使い方のルールは、最終的にはホストが決定するのだ。

もちろん、だからといって偉そうにしていいというわけではない。ゲストに対して居丈高なホストなど最低である。ホストは、ゲストに空間の使い方のルールを分かりやすく説明し、遵守をお願いする責任があるのだ。つまり、単なる接客ではなく、説得が重要なファクターとなる。そして、来店されたすべてのゲストが満足して帰ってくださるよう努力するのがホストの仕事となる。

さらに、クレームに対する恐れが減る、といった副産物もあった。実際、自分がクレームをつける際にも勇気がいる。客がクレームをつける場合もそうだろう、と想像できた。そして、我々がクレームをつけるのは、あくまでも空間全体が快適なものになるためだ。客からのクレームも、我々をよくしてくれようというようなものかもしれないではないか。元阪神タイガースの新庄が、ピッチャーをやってみることによってストライクを投げるのがいかに難しいかを痛感してバッターとして一皮むけたように、立場を入れ替えてみることによってクレームに対する姿勢がより柔軟なものになったといえる。「クレーム大歓迎」とは正直いえないが、「クレーム小歓迎」くらいには思えるようになった。

そのことの意義は意外に大きい。常々、クレームを恐がっていてはいい接客などができるわけがないと思っていたからである。これはきわめて論理的な話で、クレームが生じたことを責めたり責められたりすると、つまるところ、その矛先は客にいってしまうからだ。クレームをつけてきた客こそ、論理的には責めの元になってしまうのだ。そんな気持ちで、いい接客ができるわけはない。

無論、クレームが起こってしまった原因を考え、防げるものなら防ごうと考えて失敗を糧とすることは大事であり、上司もまたそう指導すべきである。だが、クレーム処理が自分に回ってきたことを怒ったり面倒くさがったりしてはならない。クレーム処理は自分の仕事だ、というくらいに腹をくくることが上司という立場の人には必要となろう。そうでなくては、必ず今いったような悪循環を繰り返すことになる。その意味では、「クレーム小歓迎」というのは、とくに管理職、責任者には大事な姿勢となる。

さて最後に、あまりに特殊な例かもしれないが、ぼくの経験したあるクレームの処理のゆくえを書き記したい。それが、「説得」という言葉の機微をよく表していると思われるからだ。

「娘がそちらで英検の受け付けをしてもらったのだが、受験票が届かない」という母親からのクレームがあった。ところが、担当者が受け付けの控を確認しても、その方の申し込みの控がどこにもなかったのだ。お客様ご自身の控についても、もちろん質問済みであった。「貰っていない」というのが、その答えだった。だとすれば、大変な失策である。受け付けをして検定料を受け取ったのにお客様に何も渡さなかったのであれば、受験票の送付ができていないのは当然だし、だとしたら返送されていないのも当然である。領収証も受験票送付用の封筒も持たずに帰ったのはその娘さんの失敗だが、検定出願のシステムを説明して必要書類などを渡す義務は当然受け付けをした書店側にある。ましてや、書店側に残す控さえも紛失しているとは……。ぼくは、情けなくも申し訳ない気持ちでいっぱいになった。

ところが、である。受け付け後に紛失したのなら生じているはずの受付伝票控の欠番がない。連番ですべて揃っているのである。とすれば、娘さんは申し込みに来ながら、お金だけを置いて申し込み用紙に記入もせずに帰ったことになる。現に、彼女は持って帰るべき二枚の控（一枚は領収証）を持って帰っていないのである。

「こちらの控を調べましたところ、娘さんの申し込みの記録はなく、また欠番も生じておりません。当店で受け付けを済ませたというのは、ご本人の勘違いか何かではないでしょうか？　少なくとも、お客様の手元に領収証も控もない現状では、失礼ながら、そういった可能性が一番高いといわざるを得ません」

「それは、そうですね。では、娘にもう一度問いただしてみます」

もちろん、ぼくはこれで話が済んだとは思っていなかった。ぼくがその母親に示した解釈は、突き詰めれば、娘が英検の受け付けのためのお金を本来の目的とは別の目的に使ってしまった可能性を示唆している（現に、ぼくは多分そんなところだろうと想像していた）。しかし、そのことを簡単に娘が認めるわけはなかろうと思ったのだ。案の定、再び母親から電話があった。

「そちらでは受け付けされていない、と娘にいうと、娘は『お母さんは、私のいうことを信じられないの？　本当に受け付けしてもらって、検定料を払ったのだから』と泣くです。私も、一概に娘が嘘をついているとは思いたくなくて……」

「そのお気持ちはよく分かります。では、娘さんは英検の受け付けをしたいというお申し出をされ、検定料だけを払って、控と受験票送付用の封筒を貰わずに帰られた、とおっしゃっているのですね？」

「そういうことだと思います」

今、想定した状況は、その順番からいって、書店の現場で実際に起こったとはまず考えられない。相手は、領収証も控も持っていない。こちらの控に欠番はない。あぶれたレシートもない。そんなはずはない、と突っぱねても充分通る状況である。しかし、客と争って勝ってもしょうがない。また、娘を信じたいと思う母親の気持ちもよく分かる。ぼくは、できるかぎり穏やかな口調で、しかし、毅然として次のようにいった。

「分かりました。では、こうしようじゃありませんか。お母さんとしては、私どもの言い分を全面的に認めては娘さんを疑うことになる。だが一方、私としてはお母さんの言い分、つまり娘さんの言い分を全面的に認めると、私の部下の誰かが検定料だけ受け取り、受付伝票への記載もしてもらわず、当然、受付控も領収証も渡さず、そしてレジ打ちもせずに娘さんから受け取った検定料を着服したと考えざるを得ないことになる。どちらも不本意です。ですから、お母さんとしては、ひょっとしたら娘さんが検定料を受け付け以外の目的に使った可能性がほんのチョッピリあるかもしれないということ、そして私としては、部下の誰かが受け取った検定料をそのまま着服した可能性を否定できないことを、それぞれ心のどこかで認めながら、お母さんは娘さんを、ぼくは部下を信じることに、お互いそういうことにしませんか？」

「そうですね。分かりました」

誰もが気づく通り、ぼくの提案した解決策にはまったく整合性がない。二人がそれぞれ受け入れようとした結果は、まったく矛盾している。そのことを、ぼく自身はもちろん、相手の母親も気づいていたはずだ。しかし、このクレーム（？）はこれで解決した。

「説得」は「説明」ではない。時として、論理整合性を超越することもある。もっといえば、論理整合性だけに頼っていては「説得」はまずできない。そして、我々の仕事は「接客」ではなくて「説得」なのだ。

❹終わったことは、できるだけ早く忘れなくてはならない。

結果がよかったことも、悪かったことも、すべてである。終わったことは、すべからく速やかに忘却すべし。それが、この逆説である。

まず、よかったこと。思惑通りに本が売れたこと、お客様に感謝されたり褒められたこと、たくさん売った本のこと、事が終われば、波が去ればすべて忘れよう。すべての成功は、売れたとき、感謝されたとき、褒められたときに終了する。そして、また「ゼロからの出発」なのだ。

たくさん売った本のことを覚えていても、波が去った後は思い出話か、一〜二年後に「ああ、あの本が文庫になったか！」という感慨しか残らない。スパンを長く取れば、定番となっている本でさえそうである。「ああ、一〇年前はコンスタントに売れた本だったなあ」という回想でしかなくなる。おおよそ年間六万点、一日二〇〇点の新刊、それがいいか悪いかは別にして、現実はそうだ。そのすべてを頭に入れることはできない。ましてや、許容量のかぎられた頭に過去を蓄積するのはやめよう。それが商売につながることは滅多にないのだから。

回帰性のあるジャンルもある、との反論はあり得よう。たとえば、学習参考書がそうだ。準拠版→赤本→願書と、書店で販売する商品の中でも、これほど季節感があり周期性の強いものはない。当然、昨年の同時期に売れた商品を記憶しておく必要がある、と。だが逆に、そこまで周期性があるのなら「記憶」する必要はないのだ。「記録」しておけばいいのだ。いつ、その「記録」を参照すべきかがすでに分かっているのだから。

「記憶」が必要なのは、予期せぬ出来事に対して即座に参照するためであって、あらかじめ予定されている場合には「記録」で充分である。かつては、ベテラン担当者が経験を蓄積して工夫した台帳、ノート類、そして今では器用な人間が使えばそれ以上に便利なパソコンなどの情報機器、それらに「記録」した瞬間にすべては忘れ去っていいのである。いつ、そのアーカイヴ（書庫）を覗かなければならないかは、今述べたようにあらかじめ分かっているのだから。

次に、悪かったこと。仕入れの失敗、接客ミスによるクレーム。失敗は失敗として真摯に受け入れ、反省すべき点は反省し、謝るべきところは謝り、スッパリと忘れよう。とくに、接客ミスによるクレームについてはそうである。次の仕事はすぐにやって来る。売り場に立っている以上、接客は絶え間なく続くわけであり、たいていの接客はすぐ前のそれとは無関係である。決して引きずってはいけない。ミスを犯すまいと構えると、妙な力が入って、結局見えているものが見えなくなったりして逆にミスを犯しやすくなる。クレームが恐くて客との間に必要以上の距離を置こうとすると、ろくなことはない。そして、接客そのものが恐くなったり、客と話をすること自体が嫌になったりしたら、書店員としてはおしまいである。ゆえに、終わったことはできるだけ早く忘れなければならない。

ただし、「終わったことは」である。たとえば、クレームが発生したら、その解決には全身で取り組まなければならない。生半可な態度で客の怒りは収まるものではない。こちらに非があったときには、誠心誠意謝罪しなければならない。クレームをつけてこられたお客様がこちらの謝罪を受け入れてくださったときに、初めて「終わったこと」になる。謝罪の気持ちがいかに真剣なものであろうと、お客様が受け入れてくださるまでクレームは終わらない。どちらが正しいかではない。クレームは、客と書店員の間で生じているのだ。だから、解決は客と書店員の関係そのものの修復でしかありえないのだ。そう、「修復」であって「論破」ではない。もっとも下手な対応は（そして、もっともやりがちな悪手は）、自分が間違っていないことを主張し、論証しようとすることである。

客を怒らせた時点で失点を認めよう。失点を認めるということは、まず謝罪することである。自分が正しかったかどうかは問題ではない。それを客に認めさせようとすれば、さらに失点を重ねることになる。失点を認め、謝罪し、客との関係を修復するにはどうしたらよいかを両者で検討する。その方法が見つかれば得点である。得点が失点を上回りさえすれば、試合には勝てる。

試合に勝てば、経過、すなわち得失点については忘れてもよい。否、忘れるべきである。クレーム対応に費やしたエネルギー、本音でいえば災難と思われることをいつまでも引きずっていてはいい接客ができない。次のお客様には、常に白紙の状態で望まなければならないのだ。クレーム処理に伴う苦痛を瞬時に忘却すること、これも書店員にとっては必要な才能だと思う。

❺売れた本の補充は、早ければ早いほどよいとはかぎらない。

流通の迅速化は、ずっと出版業界にとって焦眉の問題だった。とくに、客注品の遅さは、はかに比肩しうる業界がないと思われるほど読者の不興と疑問を買った。

客注品における送品の迅速化は当然の要求であり、その実現は急務の課題である。しかし、それを常備品、必備図書などの棚在庫の流通にもそのまま当てはめていいものだろうか。すなわち、「売れた本の補充は、早ければ早いほどよい」という命題が即座に真と認められるであろうか?

極端な例を挙げると、補充品が入ってくるたびに即日売れていく本なら、その命題は真であろう。しかしながら、そのような商品は「平積み」「面出し」による複数在庫が当然となってくるから、一冊一冊の補充が問題ではないはずだ。そのことが問題になってくるのは、補充が入ってきたからといって即座に売れていく本ではないのだ。そうした商品の補充も、「早ければ早いほどよい」と本当にいい切れるのか?

棚にはかぎりがあるということを前提に考えれば、そうとはいい切れない。ある商品が売れて補充されるまでの間、ほかの本を並べることができるからだ。普段はストックに眠っているような本が補充期間中に日の目を見て、それがもし売れたらその棚効率は二倍になったといえる。このことは、あくまで補充期間が最初の商品の販売周期より短いことを前提とする。だが、そうでなければ最初の商品は複数展示とすべきなのである。第二の商品が売れる確率は、第二の商品の展示期間(=最初の商品の補充期間)が長ければ長いほど高くなる。期間内に第二の商品が売れていけば、第三の商品、第四の商品というふうに、帰納的に棚効率はアップすることになる。もちろんそこには、空いた棚にストックを出して並べるという、書店員の地道な作業が必要である。また、実際に代打がヒットを打つとはかぎらない。

しかしながら、可能性の世界では、あるいは確率論的な見方をすれば、「売れた本の補充は遅ければ遅いほどいい」という命題も成り立つのである。かぎられたスペースでできるだけ多くの本を展示すること、「棚効率」という言葉をかように定義することもあながち無理な話ではない。おおげさにいえば、棚を四次元的に見る見方である。

そうしたとき、「売れた本の補充は、早ければ早いほどよいとはかぎらない」ともいえるのだ。もちろん、書店現場の人間としてのぼくは、商品補充のスピードアップに腐心されている人々の努力には格別な敬意を表するものだ。そうした上で、商品の補充に時間がかかっていることは無条件に悪であると断定する前に、冷静で柔軟なとらえ方もできるといいたいのだ。そして、そうした逆説を実証する方法は、かえって地道な作業であることを強調したい。

工夫とは、たいていは不便や逆境の中で柔軟な心もちから生まれ、その必要が生じる以前よりも状況を着実に進歩させるものだ、と考える。

❻ほかの書店に勝とうなどとは、ゆめゆめ考えてはならない。

もっとも理解されにくい逆説であろう。商売とは同業他社との競争であり、経営者のさまざまな工夫も、書店員のさまざまな努力も、「その競争に勝つために」というのが分かりやすい目標だからである。分かりやすいということが真実に近いということではない、と差し当たりいっておこう。同時に、この逆説が「共存共栄」という薄っぺらな妥協点を、つまりは「しま荒らし」の回避を意味するわけではない、ともいっておこう。

書店もまた商売であるからには、他店とのせめぎあいの中で生き抜いていかなければならない。そのことを理解した上で、だからこそ「ほかの書店に勝とうなどとは、ゆめゆめ考えてはならない」と、いえなければならないだろう。

言い換えれば、「ほかの書店に勝ってはいけない」といっているのではまったくないということだ。むしろ、結果的に「勝つ」ためには「勝とう」と肩肘を張ってはいけないということ。そのことを「逆説」として提出する以上、それを心情的、倫理的、あるいは漠然とした経験則としてではなく、論理的に立証する必要があるだろう。それは、一言でいえば、一手一手の優劣にこだわらない大局観に立て、ということになろうかとも思う。

書店が、小売業としては例外的に多種のアイテムを同時にかつ継続的に販売する業種であることは、言を俟《ま》たない。そのことを自覚していながら、なぜかくも同じアイテム＝「ベストセラー」を誰も彼もが売ろうとするのか。すなわち、特定のアイテムの販売総量で何故競う（勝とうとする）のか、考えてみれば非常に不思議であり無駄が多い。

書店のサイドから冷静に見れば、ベストセラーが潤沢に希望通り入荷してくることなどありえず、そのことにエネルギーを傾けること（たとえば、出版社に懇願の電話をすること）は無駄な作業だということも、それこそ経験則として分かっている。出版社が書店の希望通りに出荷すべく重版を繰り返していたら、場合によっては「ベストセラー倒産」の憂き目に遭うことも、少しものの分かった書店人なら理解しているはずだ。

しかしながら、書店サイドはベストセラーの販売競争に走り、出版社サイドもそれを助長するのが現状である。有力書店を集めての販売会議でベストセラーの実売比較を行い、やたら競争心を煽る風景は日常茶飯事である。これは、冷静に考えれば実に非論理的である。出版社が販売ゲームに参加するすべての書店に「勝て」と命じる、はなから矛盾をはらんだ戦略といえるからだ。その矛盾が、大きな無駄と不幸な結果を生んでいるような気がしてならない。だからこそ、書店現場にいる人間として、「ほかの書店に勝とうなどとは、ゆめゆめ考えてはならない」という逆説にリアリティを感じるのだ。

もちろん、この逆説は特定の商品（＝ベストセラー）の販売総量についてだけいえるのではない。たとえば、出版社企画のフェアについてもいえる。商圏を同じくするライバル店の名前を挙げて、「〇〇書店さんでもやっていただくことになりましたので、貴店でも是非」と売り込む出版社の営業マンがいるが、ぼくにいわせたら論外。時期をずらすのならまだ分かるが、たいていいの場合、そうした企画は広告宣伝がからんでいるので同時期の実施を売り込んでくる場合が多い。「よし、負けてなるものか」と申し込む書店員がいたら、少なくとも同じフェアをやってライバル書店に対して圧倒的な優位に立てる秘策をもっている場合を除いては、その書店員もくだらない「競争意識」に病んでいる人というほかない。

「読者」という人種はきわめて能動的である、ということがあまりにも忘れられているのだ。安易に結び付けることは戒めるべきだが、ＩＴ革命をかくも国を挙げて叫ばれる状況のもと、パソコン画面での購入が可能なネット書店の進出が声高に喧伝されている今、書店に足を運んで本を選んで購入するという行為は、テレビが普及しても映画館や劇場に足を運び続けている人と同様、とても能動的な行為なのである。もともと読書自体、映画鑑賞よりもさらに能動性を要求される行為であることを考え合わせれば、そのような能動的な人が同地域に複数の書店があればそのどれにも寄ってみるというのは自然な行為ではないか。そのとき、各書店で同じような展開しかしていなければ、その「読者」は、その中のどれかの書店を選んで、以後はそこにだけ立ち寄ることになってしまうだろう。そして、やはり書店は「金太郎飴」になってしまったな、と嘆息するのであろう。

もしも失敗作であっても、全然違う切り口で棚をつくったりフェアを展開する書店が二軒並んでいれば、そしてそれぞれの店の実力が拮抗していれば、「読者」は必ず二軒とも訪れる。それはもちろん、貧乏症のぼくが、少しでも安くと家電店をハシゴするように、一軒の販売価格を比較するためでは決してない。「読書」という行為の能動性を鑑みれば、「読者」の積極性をもっと信じてもいいのではないだろうか。ならば、「お隣りの書店さん」と同じやり方をして競うより、できれば正反対の方法で勝負した方が結果的にはどちらにも客を呼べるのではないかと考えるのは、至極論理的ではないだろうか。

戦いの序盤戦においては、まず自店が立地する地域に読者を呼ぶ、ということが大切ではないのか。ならば、隣接する同業他社と結果的に連携する策を講じることが、より大局観にのっとった戦略ではなかろうか（「結果的に」という副詞句を添えたのは、もちろん、ぼくが会社員であるからである）。

より多くの読者を自店の立つ地域に呼ぶための、近隣他店との差別化（「棲み分け」という言葉は能動性に欠けるために相応しくない）は、もちろんベストセラーやフェア展開にかぎったことではない。巨視的なジャンル構成から微視的な棚づくり、品目や仕入れ部数、商品の見せ方、並べ方、書店空間のありようまで、すべてにわたってなされなければならない。そうなれば、同じ商品でも見え方がまったく違ってくることも考えられる。書店をハシゴしてもらうことによって、ある商品が全然別のタイプの読者に購入してもらえる可能性も生まれるのだ。それでこそ、読者の能動性を喚起することにもなる。いわば、近隣他店は、異質な空間をつくることによって読者を引き付ける磁場を協同して発生させる仲間でもある。そうした仲間を蹴落とそうなどと考えることは大きな戦略的誤りであり、自らの首を絞める行為なのだ。それゆえにこそ、「ほかの書店に勝とうなどとは、ゆめゆめ考えてはならない」のである。

❼売れないジャンルの棚構成比を、決して減らしてはならない。

一九八八年夏、京都店出店に際してオープンから人文書をまかされたぼくは、民俗学・文化人類学を歴史書の棚から離して大きく取った。三階人文書フロアの南西の角に日本史を、北東の角に民俗学を配する恰好になった。歴史書と民俗学・文化人類学はちょうど点対称の位置に存在することになったのである。

ぼくとしては、とくに奇をてらったつもりはないが、過去を扱ったものとして、普通並列に展示される歴史学と民俗学が、その研究対象、研究地盤を「書かれしもの」と「書かれざりしもの」という、書物を扱う者にとっては対極にあるものに置いていることに人並み以上にこだわっていたからかもしれない。そうしたこだわりは、民俗学の棚をいわば歴史書から独立させることによって、一定の狭からざるスペースを確保することにつながった。著者別の棚陳列もし、当時としてはかなり充実した民俗学のコーナーだったと思う。

さらに、開店間もなく出版された『柳田國男伝』（三一書房）を応援しようと、「柳田國男フェア」も打った。ところが、フェア台からも棚からも商品はさっぱり売れなかった。「やはり、京都という所は、アカデミズムの、実証史学の土地なのだろうか」と嘆息し、開店前に訪問したライバル店の民俗学の棚があまり充実していなかったのもむべなるかなと得心した。しかし、元来ものぐさなぼくは、棚の移動や縮小はいっさいしなかった。すると、約一年後にはぼくのものぐさが幸いした。民俗学関係の書籍を、それこそ一回来られるたびに何十万円単位で買っていかれるお客様が現れたのだ。そのお客様がほかの客を連れてくるわけでは決してないが、民俗学の棚の前で足を止める人が見る見る増えてきた。

　初代若乃花の座右の銘を引きながら、「人間、辛抱や」と教えてくれた先輩がいた。ぼくは「辛抱」していたわけではなくサボっていただけだが、こうした経験は、「売れないジャンルの棚構成比を決して減らしてはならない」ということを教えてくれた。

　読者が新規書店を認知するには時間がかかる。即効性のある棚だけを求めていては、深みをもった書店はできない。すぐに結果が出ない棚でも、めげずに手をかけ、じっくりと育てていればいつかは読者にめぐり合うことができる。そうなったとき、その読者は自分の店からは絶対に逃げない。「売れない」ジャンルの棚を好き好んで充実させている書店はそうはないからである。そうした読者を囲い込んでいくことで書店は特色を生み、評判を呼ぶのだ。当初の「売れない」棚は、その書店の最大の強みに、すなわち「売り」に大化けするかもしれないのである。

❽ベストセラーを取り込んで儲けようなどと考えてはならない。

今、売れている本をできるだけ多く仕入れて販売するというのは、書店員の重要な仕事であろう。だから、ベストセラーの仕入れ努力を怠ってもよい、などといっているのでは決してない。「取り込んで儲けよう」と考えてはならない、つまりベストセラーの独占を目論んではならない、さらにはベストセラーの販売に自分の仕事が独占されてはならない、といっているのである。

ベストセラーの独占を目論んではならないのは、まさにそれがベストセラーだからである。ベストセラーは、どこの書店でも売れる。だとすれば、全国くまなく存在する書店のすべてに並んでいる状態がもっとも効率的である。大型店や力のあるチェーン店が独占してしまえば、その店に行かない（行けない）読者の手には渡らない。もしも、自店や自社のチェーン店にすべての読者が来店すると夢想する輩がいるとすれば、それは底知れぬ驕りである。確かに、無類の本好きは都会の大型書店に赴くことに積極的であろうが、昨今の「読書離れ」すなわち出版・書店業界全体にダメージを与えている状況を好転させるには、読者層そのものの厚みを増す（復旧する）しかない。そのためには、わざわざ時間を割いて大型店に赴くことのない人々、帰り道、駅の近くに本屋があるからちょっと寄ってみようか、という人々を本の世界に誘惑していくしかない。ベストセラーがすべてではあるまいが、そうした人々が偶然立ち寄った小さな書店に、これ話題になっている本だな、確かに面白そうだ、久しぶりに本でも読んでみるか、という気持ちを起こさせる商品が並んでいなかったらパイは絶対に大きくならない。いわば、そうした読者予備軍を読書へと誘っていかないことには、大型店もチェーン店も早晩ジリ貧となるだろう。

ベストセラー販売についての独占欲が「読者」という市場の拡大を邪魔することは今いった通りであるが、さらにそれは、書店員自らの仕事がベストセラーに独占されるという危険もはらむ。ベストセラーの仕入れに血道をあげる、そして仕入れることができた商品は、何をおいても販売すべく多面展開して売ろうとする。一見当然のようなこの商行為に、落とし穴がある。

ベストセラーをどこよりも多く売ることができたとき、その結果は、ものがベストセラーであるから数字的には派手である。しかし、それを書店員の仕事として誇るのは大間違いである。ベストセラーは、あれば勝手に売れる。売れたからといって書店員の功績ではない。また、昨今のようにPOSデータ(9)が活用されるようになれば、出版社は実績に応じて重版分の適切な配本をする。ベストセラーを仕入れたからといって、書店員の手柄とはなりえない。配本を促した実売、それを達成した店そのものの手柄なのである。だから、ベストセラーについては「手なり」でよい。否、POSデータがしかるべく活用されるようになった今日においては「手なり」でしかあ

---

(9) POSは「Point Of Sale」の略。販売時点情報管理。小売店における商品別売り上げ情報を単品ごとに収集、登録、蓄積し、分析するシステム。正確な情報を迅速に把握できることから、死に筋商品の排除と売れ筋商品の発見による品揃えの強化に役立ち、流通産業の情報化に大きく寄与している。

りえない。

　書店員が頭をひねり、汗を流して売らなければならないのはベストセラー以外の商品なのである。知恵と力と勇気は、そちらに振り向けられるべきなのだ。そこについてきた結果こそ、書店員の実績というべきものだ。だから、ベストセラーの販売を口実に、それ以外の商品の販売に対する努力をサボることは許されない。言い換えれば、棚がベストセラーに占拠されることも、書店員の仕事がベストセラーに占拠されることも、だ。

　大型店、チェーン店においては、「ベストセラーをこれだけ販売した」といって自慢することは、いかに自分が仕事をしていないかを喧伝することにほかならない。それ以外に自慢することがない、と思われても仕方がないからだ。販売力のある書店がPOSデータによる実績を楯に取れば、商品が優先的に供給されるのは当たり前であり、そのことによって実績はさらに上がるだろう。磁力を自ずからもった場と商品について、書店員が付け加える仕事はもはやないともいえるからである。

　逆に、ブームが場と商品の力を甚だしく逸脱しないように目を配ること、そうしたセーヴの方が重要になってくる。最低限、読者の目に留まり、小まめな補充によって維持できる程度の在庫と展示方法、それを実はミニマムに保つことこそが書店員の仕事である。なぜなら、ベストセラーの展示がそうしたミニマムを逸脱した分だけ、かぎりある書店の棚においてはほかの商品の展示が不当にはじかれているといえるからである。はじかれた商品にとってはもちろん、集客をもくろむ店自体にとってもそれは悪手である。そうした事態が、逆説❼と正反対の結果をもたらすことは自明だからである。

だからこそ、「ベストセラーを取り込んで儲けようなどと考えてはならない」と断言するのである。

❾客に恥をかかせてもよい。

ある程度の経験を積んだ書店員なら、ごくごく基本的なことでお客様が言葉の用法を誤解している場面に出会ったことは誰しもある。そして、もう少し経験を積めば、どういった誤用例が多いかも分かってくる。いわく、「文庫」を「単行本」と呼び、「新刊」を「新書」と呼ぶ。「単行本」も「文庫」も「新書」もいわば出版・書店業界の「符牒」だから、その客が日本語の使い方を誤まっていると責めることはできないのだが、少なくとも書店というフィールドではコミュニケーションの齟齬を来す。結果的に、客、書店員双方の時間を無駄に使うことは間違いない（二幕第二場の解答・解説参照。八五ページ）。

客の側の間違い方のパターンが分かっているのなら、書店員側がそれを察知して対応すればいい、という意見もありうる。否、現に強い。すなわち、「単行本」といわれたら文庫のことだと察して探せばよいというものである。そうすれば、客に「間違い」を指摘して恥をかかせることもなく、お望みのものを提供することができるというわけだ。その裏には、「客に恥をかかせるなど、もってのほかだ」という公準があるのかもしれない。

だが、この策は、考えられる二つの状況の双方において間違っている。

まず、客が「単行本」の正確な意味を理解している場合、すなわち「文庫」ではなく「単行本」で欲しいと思っている場合、書店員の側が勝手に「文庫のことを『単行本』といっている」と判断することは失礼きわまりない上に、まったくの無駄であるというほかない。

一方、実際にも多いのであるが、文庫のことを「単行本」と呼ぶ客に対してもこの策は間違っているといえる。なぜなら、そうした対応（「単行本」といって、もくろみ通り文庫を提示）された客は、当然、自分の言葉の使い方が正しいと思うからである。たとえ業界内での「符牒」の話とはいえ、間違った認識をそのままに、あるいはさらに自信をもって抱かせる罪は大きい。その客の問い合わせのたびに書店員は混乱し、客は必要以上に待たされる羽目に陥るからである。

だから、間違いは間違いとして正すべきだ。「単行本」と客に明確に指示されたら、単行本を探してくればよい。客の認識が誤まっていた場合、「いや、それじゃなくて『単行本』を」とさらに指示されることになるだろう。そのときには、次のようにはっきりという。

「お客様、これが『単行本』なのです。もしもお客様がもっと小さいポケットサイズの本のことをおっしゃっているのなら、それは我々書店の世界では『文庫本』と呼びます。そのように指示してくだされば、私どもも混乱なく、無駄なくお求めの本を探すことができますので、よろしくお願いいたします」（第二幕第二場参照。八六ページ）

それでも、「符牒」とはいえ、誤りを指摘して正す言葉であることには違いない。そうした言葉が結果的に客に恥をかかせることになるというのであれば、「客に恥をかかせてもよい」。「かかせるは一時の恥、かかせぬは一生の恥」である。ちゃんと説明されずに「単行本」といって文庫が提供されれば、当然、客は文庫のことを「単行本」といい続ける。そのたびに、応対した書店員は心の中で「この人は間違っている」と呟くことになる。その方がよほど失礼であり、不親切であるというべきではあるまいか。

「符牒」という言葉に現れている通り、肝要なのは、書店員と客とのある種の溝、ズレというものを認識することだ。そして、お客様をまさに「客」として、書店員が棲息する空間（＝書店）に招き入れるという気持ちなのだ。見知らぬ土地に「客」として迎え入れられる人は、当然、その土地の「しきたり」を教えてもらい、それに従う。そのことは、そして、その土地に足を踏み入れる前にもっていた「常識」がその「しきたり」と違っていることを教えられることは、決して「恥をかかされる」ことではない。よって、「符牒＝しきたり」を教える書店員の行為は、決して「恥をかかせる」行為とはならない。

考えてみれば、逆説❸で述べたように、「領内」のしきたりについて「ホスト」と「ゲスト」に認識の相違があるのは当たり前であり、「ゲスト」が当初それを知らなかったからといって「恥をかいた」ことにはならない。もちろん、「ホスト」が「ゲスト」の認識を正したからといって「恥をかかせた」ことにもならない。不必要な遠慮を捨てて、摩擦を恐れずフランクに話しかけること、結局はそれがお客様に対する最高の饗応だと信じている。

❿ある単行本が文庫になっているかいないかは知らなくてよい。少なくとも、客に教える必要はない。文庫化の情報を得ていればこそ、客は安く本を買うことができるのである。

「文庫があるのなら、そういってくれたらいいじゃない。そうだと知っていたら、こんなに高い本を買わなかったのに！」

「誠に申し訳ございません」

あくまで、これはフィクションである。ぼく自身、こんなクレームを実際に受けたことはない。だが、もし想像逞しくこのようなクレームがありうるものと想定し、日々密かに恐れている書店員がいるとしたら、はっきりといっておこう。「謝る必要はまったくない」と。

「真理は万人によって求められることをみずから欲し、芸術は万人によって愛されることを自ら望む」と高らかに宣言された「読書子に寄す」を巻末に附して、昭和二年（一九二七）「岩波文庫」が発刊された。「いやしくも万人の必読すべき真に古典的価値ある書をきわめて簡易なる形式において逐次刊行」することを目指したものであった。先にも述べたように、以後、A6サイズのことを「文庫版」と呼ぶようになっていく。

何度かの「文庫戦争」を経て文庫の種類はどんどん増えていき、そのコンテンツも、「いやしくも万人の必読すべき真に古典的価値ある書」にはもちろんとどまっていない。当初の岩波茂雄[10]の主旨からすれば、事情が許すかぎり版を重ね、常に読者がアクセス可能な出版形態であるはずだが、昨今では、一年も経たないうちに品切れ・絶版となる文庫も少なくない。「下巻」が発行されてすぐに「上巻」が品切れとなってしまって、読者に叱られた経験が何度かある。

基本的に、文庫はコンテンツ（著作物）の二次利用であり、未知の読者を求めて大海に漕ぎ出す書物の本来的な装いではない。もはや大上段に構えて、「いやしくも万人の必読すべき真に古典的価値ある書」とはいわないまでも、少なくとも単行本の売れ行き良好を根拠に、より多くの読者を獲得すべく、携帯性を伴って発行された廉価版が文庫なのである。いわば、再販制がとやかくいわれる以前から、出版業界が読者に対して行ってきたコンテンツ提供のサービス品なのであり、あえていえば、著作権料を含む制作、流通、販売コストの原価計算は、とくに下流の部分

(10)（一八八一～一九六四）岩波書店創立者。長野県生まれ。一九一三年、神田で古書店を始め、そのかたわら夏目漱石の『こゝろ』を出版し出版業に進出。一九四六年、出版界初の文化勲章を受章。

のそれは度外視されているとさえいえる。書店人の本音としては、「そんなに早く文庫を出さないでよ。もう少し、単行本で売らせてよ」といいたくなるケースがとくに最近増えてきた。

とくに、展示の仕方や棚の並べ方の工夫で本を売ってやろうという、意欲も高く向上心も旺盛な書店員がそうだろう。番号ないしは著者の五十音順で並べる文庫では、「腕試し」の機会が少ないのだ。(11)

断言しよう。単行本で売れる商品は、単行本で売るのが書店業という商行為の基本である。出版・書店業のコストを踏まえた販売価格は、単行本の定価にこそ反映されているのだ。文庫の値段で買えるのは、単行本が多くの読者に受け入れられたことによる「幸運」なのである。

消費者には、商品をより安く入手したいと思う権利がある。文庫で安く買えるならそうしたいと思う読者の気持ちは、当然である。ただ、その権利を行使する際の情報入手の労は、読者の側が行うべきだと考える。たとえば、何か電化製品を買おうと思った場合、何軒かの電気店を回って価格をメモしたり、折り込みチラシや雑誌広告を切り抜くという労をぼくたちはいとわない。読者という消費者も、情報収集ができていればこそ安くコンテンツを入手することができるのだ。

売る側はより高く売ろうとし、買う側はより安く買おうとする。それが商行為の基本であり、そこに倫理的な齟齬はまったくなく、駆け引きのゲームがあるだけである。互いにルールを遵守することはゲームの前提であろうが、一方的に相手に有利な情報を与える義務はゲームの参加者には課せられない。そうなると、ゲームそのものが成立しなくなる。

「ある単行本が、文庫になっているかいないかは知らなくてよい。少なくとも、客に教える必要はない。文庫化の情報を得ていればこそ、客は安く本を買うことができるのである」という書店人についての逆説は、そういう意味である。

(11) もちろん、これは構造的、図式的にいっているのであって、困難な条件下、工夫を凝らして個性的、魅力的な文庫売場を展開している書店人の存在を無視したり、その努力を軽視したりするつもりは毛頭ない。

三幕

機械仕掛けの書店

第一場　『コーチ』

一九九六年に、浅野温子、玉置浩二の主演でオンエアされた『コーチ』という連続ドラマが好きだった。玉置らが働く町工場に、本社から「左遷」されて工場長として赴任する浅野は、本社の合理化政策の一環として、暗に町工場の閉鎖役を示唆されていた。そうした背景から当然生じる軋轢、反発。一方で、野球部の監督として彼らを真剣に指導する浅野に対して次第に芽生えてくる共感、仲間意識。相反する二種の関係性が危うくも並存する中で、いよいよ「工場閉鎖」が現実のものとなってしまう。

本社命令によって、すべての機械が停止された工場。もはや再び動く機会も与えられない機械たち、それは機械でありながら「死」を鮮烈にイメージさせる画面だった。そんな中、玉置たちは「サバカレー」の缶詰でまさに「起死回生」を図る。「起死回生」に相応しく、それはもともと機械たちが眠っている深夜に挙行される。

真夜中に、機械たちが動き出す。玉置たちの思い入れと相俟って、それは町工場という場が「生命」を取り戻したシーンである。機械たちが再び動き始めて、生産工程が復活し、工場に働く人々が再び仕事に従事し始めたときに一つの場所が生命を取り戻す。その過程が、ぼくにはとても感動的であり、かつとても近しいものに感じられた。

客席にまだ客の入っていない劇場、それは舞台部分がいかに完璧につくり上げられていたとしても、そして舞台稽古で役者たちがほぼ本番並みの演技をしているときにも、劇空間としては「死んでいる」。同様に、閉店時、客の入っていない書店はいかに棚が整備しきれていても「眠っている」。

人がいればいい、というものではない。たとえば棚卸しのときに、一〇〇人単位でアルバイトを雇っても書店は眠りから覚めない。ほかの小売業ももちろん同様であろうが、書店が生命を得るためには客の存在は不可欠なのだ。さまざまに切り取れる書店の風景の中で、それは絶対に間違いのない公理なのである。

より突き詰めていえば、書物の販売という行為(書物の所有権の移動)、それに伴うコンテンツの伝播という動きが、書店という場の生命活動の基本単位なのだ。そのことは、「書店は読者と書物の出会いの場」というフレーズとほぼ同値である。

だとすれば、そうした「生命活動の基本単位」を支えるさまざまな装置、照明、音楽、機械の動きなどは、すべて書店という場の「生命活動」の発現といえる。だからこそ、店内照明がつき、BGMが流れ始め、エスカレーターが動き出す時間、毎日変わらず書店という「生命体」の覚醒、大袈裟にいえば「復活」を感じ、ささやかな興奮を覚えるのだ。

『コーチ』放映当時に五階層の京都店にいたぼくは、エスカレーターを始動させながら勝手に、玉置たちが眠っていた工場の機械を再び始動させるシーンとダブらせていた。そして、「POSレジ」（自動発注システム）を基本とした仙台店開店とともに店長として赴任したときには、エスカレーターの始動がパソコンの始動に変わっていた。

朝、誰もいない売り場で順を追ってパソコンを立ち上げる。取次店からの送品データ受信に始まる朝のプログラムを、新刊の検品をしながら走らせる。朝一番に出社して、取次店からの荷物を受け取る「荷受け当番」のささやかな楽しみだ。たった一人で新刊の箱を開けていても孤独ではない。なぜなら、同時に目覚めたパソコンが同じ新刊の送信データを受け取っているからである。パソコンの受け取ったデータが店の在庫情報となり、販売事実の迅速な把握、補充への指針につながる。そして、常備商品の自動発注のもととなる。ぼくらが箱を開梱して手にする一点一点の新刊が店にとってエネルギーを生み出す栄養なら、パソコンが受け取るデータは、いわば店の神経細胞のための栄養なのだ。

かつて、一枚一枚のスリップに番線印(1)というハンコをついていた「家内制手工業」の一部が、パソコンによってようやくオートメーション化された。もともとそれは「機械的」な作業だったから、それは人間疎外ではなく機械との協働となる。そうした見方をもつとき、せっせせっせとデータを処理し、送受信してくれるコンピュータは大事な仕事仲間である。だから、朝一番に起動スイッチを押すのは、「おい、仕事だぞ。目を覚ませよ」と仲間を起こしていることになる。

逆説的に聞こえるかもしれないが、コンピュータという機械を導入してから、書店の棚、というより書店空間そのものが生命体に似通ってきた。

以前は、書店員が手をかけないと棚はすぐに荒れた。どの本が売れたかを、スリップの整理や一覧表による欠本調査で把握し、発注するという作業を経ることなしに整然とした棚を維持することは不可能だった。担当者が仕事をしないと即座に棚がガタガタになっていく、まさに、熱力学の第二法則（エントロピーの増大）に忠実な存在だったのである。

「書店ＳＡ（ストア・オートメーション）化」と呼ばれるＰＯＳレジの導入とコンピュータによる作業、とりわけ販売商品の自動発注は状況を一変した。自動発注された補充品を抱えて書棚の前に行く。巻数ものなら、書棚に欠けている商品だけが補充されてきている。それらを収めれば巻数が揃い、書棚は復旧する。売れた商品、すなわち書棚からなくなった商品を自動発注しているのだから当たり前といえば当たり前の話なのだが、自分で注文書を書いたり、注文カードに番線印を押したわけではないので何か不思議な感じがする。書棚そのものが欠けた商品を呼び寄せているような錯覚、つまり書棚が「自己治癒力」を有しているような錯覚にとらわれるのだ。背

（１）取次や店コードなどを記載した四角いゴム印。注文書などに押す。

も今も書棚が何か「神秘的な力」をもっているわけではなく、かつて書店員がしていた作業を実はコンピュータに「アウトソーシング」しているだけなのであるが、書店員にとっては、自らの作業が支えていたはずの書棚の復旧が自らの作業なしになされてしまうと書棚の方に生命力を感じてしまうのだ。外的な力との因果関係によってのみ姿を変えたり維持したりするものではないもの、言い換えれば、外的な力に依存せずにその存在を維持する方向で動くものこそ有機体と呼ばれるものだからだ。

自らを維持することだけが生命体の働きではない。環境の変化に合わせて、自分自身を変化させていくのも生命体の特長である。書店ＳＡ化は、自動発注にとどまるものではない。すべてのＰＯＳシステム同様、データは売れ筋や死に筋の発見に利用され得る。死に筋商品を棚から外すことは生体における老廃物の排除とアナロジカルだし、売れ筋商品を拡充するのは環境に適合するための生体のメタモルフォーゼに相当する。自動発注と違って、データを見たりそこから判断したりと書店員の手が加わっていることは間違いないが、発注や返品の意思決定はコンピュータが弾き出すデータからほぼ機械的になされるだろうから、書店員の介入による変様というよりは書棚自らのメタモルフォーゼといった方が近い。

では、もはや主体的な書店員の仕事はなくなってしまったのか。書店ＳＡ化は、意識ある書店人を駆逐してしまうのか。すなわち、書店人が余計なことをしない方が書棚は自動的に自らを復旧・維持し、環境にも適合していくのだろうか。言い換えれば、余計な介入をする書店人を駆逐した方が書店はうまく回っていくのだろうか。

答えは「否」である。そして、この「否」がいえるかいえないかで、SA化の成否も決まるのである。一言でいえば、機械の限界を補填できる書店人の存在を軽視したSA化は必ず失敗に終わるということである。

その理由の一つは、POSデータは「売れた」ことの記録でしかないということである。そこには「売れなかった」というデータは残らない。「売り損じた!」というデータは、実際に販売失敗の場に立ち会った書店人にしか残せないのである。失敗事例に学ばぬ戦略はすべて脆弱である。失敗、すなわち客を失望とともに帰らせたというデータは、接客の中で研ぎ澄まされた書店人の感度によってのみ残すことができる。そして、よりよい書棚づくりに生かすことができる。失望させた客に次の来店時には満足いただくことこそ、書店にとって本当に必要な環境適合である。POSデータのみによるメタモルフォーゼでは、その一番大切なことは実現できない。

もう一つの理由は、いうまでもなく「接客」である。接客こそ、書店業、否すべての小売業の基本である。書棚も書店空間も、広い意味での接客の道具にしかすぎない。あるいは、背景でしかない。書棚の維持管理が自動的に可能だということで満足するのは、そもそも商売とはいえないのだ。そして、接客においてこそ、書店人の知識、力量、情熱の違いがあらわになる。せっかく、書棚の維持管理にかかる手間から解放され、本腰を入れて接客に向かうことのできる環境が整ったときに意識ある書店人を不要なものとして放逐してしまうのは、見事にでき上がった舞台装置に満足して役者を舞台に上げないようなものである。本末転倒も甚だしい。

また、現在の環境情報に頼り、それに合わせていくだけで満足する姿勢は、その書店の発展を望みえない。書店の発展は、新たな読者をどんどん引き入れていくことにあり、それはむしろ書店の側からの環境そのものの変革といえるからだ。そのために必要なのは、現在の環境情報にのみよりかかって仕事をする書店人ではなく、ときには頑固なまでに「死に筋」を大事にする書店人なのだ。二幕第三場「逆説・書店員について」の「❼売れないジャンルの棚構成比を決して減らしてはならない」で述べたようなことは、そうした書店人があって成立する。

かといって、己の思い込みだけで書棚をつくって維持管理しようとする書店人は困りものである。コンピュータの上げてきたデータを「一切見ない」という偏屈は、決して職人芸ではない。真の職人は、せっかく上がってきたデータを粗末にするようなことはしない。きちんと目を通し、熟考した上でそれを利用する範囲を決断するのだ。データ、すなわち本が売れていった様子を無視して、有効な書棚、書店空間づくりができるわけはないのである。それは、伸びていく樹木の生命を無視して、手前勝手にイメージした通りに刈り込んでいき、樹木の生命の灯を消してしまい、自らのイメージの表現すらも台無しにしてしまうようなものなのだ。

だから、書店人の仕事は建築家より庭師に近い。スクスクと成長する樹木の傍らにいて、伸び過ぎた枝葉を伐ったり、移植したりして、庭全体をバランスよく整えていく。初めに「樹木の成長と環境との調和がありき」であり、「まず設計図ありき」ではないのだ。

書店人は庭師であるという見方は、書店を、読者が自由に散策し楽しむ公園とイメージする見方とも相即的である。書店を公園と見る見方は、書店人が「うち／そと」という悪しき意識に陥ることをも防いでくれる。公園には「うち」も「そと」もない。人々が自由な思いで、好きなだけ散策できる、ときにはベンチに座って休むこともできる空間であり、公園の管理者は見えない所で訪れる人を歓待する存在なのである。

書店にあっても、そうありたい。読者は、書棚を自由に見て回る。もちろん、必要な本を探すためでもあるが、書店を訪れた読者は、実際には書棚を、さらには書店空間全体を「観て」いる時間が圧倒的に多い。とくにあてもなく書棚と書棚の間を歩き回りながら、新たな本との出会いを得たり、社会の関心の動きを発見したりする。書店へ行く読者の楽しみの大きな部分は、気持ちよく散策している間に時として出会うことのある、思わぬ発見や驚きにあるのではないだろうか。だとすれば、生きている書棚と心地よい接客でお迎えする以外に、われわれ書店人が歓待する手立てはない。そして、読者がそこにいることに心地よさを感じ、新たな出会いの可能性を期待して繰り返し訪れることのできる書店のみが生きていくことができる。

第二場　鬼に金棒

一九九一年に、ぼくの最初の著書である『書店人のしごと』（三一書房）を上梓したとき、書店SA化は、その名ばかりが喧伝されながら、有意な現実化もまたその構想さえも練られていない机上の空論ならぬ空題だった。POSレジが普及し、売り上げデータの電子送信が当たり前になった現在では考えられないことだが、そのころは、書店の業務にコンピュータを導入しようと提唱しただけで白眼視された時期であった。「一〇年ひと昔」といわず、一九九〇年代の中ごろまではそうだった。装丁家や「本好き」を自称する業界人から「バーコードなどもってのほか」と叩かれたのも記憶に新しいし、書店内でのさまざまな業務を何とか機械にこなせるように翻訳しようと四苦八苦していると、必ず遊んでいると当時は見られた。

一方では、SA化＝人的合理化（労働者の排除・抑圧）という図式の中でしか変化をとらえられず、資本家の走狗《そうく》のように名指しされたこともあった。『書店人のしごと』を刊行してからの数年間は、そうした誤解や無理解に対する反論、本意説明に明け暮れた。幸運なことに、話をしたり文章を発表する機会をしばしばいただけた。それらをまとめて、一九九七年、二冊目の『書店人のこころ』（三一書房）を上梓することができた。ある意味では皮肉なことであるが、最初の著書が充分に受け入れられず、さまざまな反発をくらったからこそ二作目を出版することができたのである。

その「あとがき」に「悪戦苦闘のドキュメント」と書いたのは、西田幾多郎を気取った悪乗り(2)ではあったが、とくに第五章（＝最大章）として収めた業界紙〈新文化〉での連載「情報武装化時代の書店業」は、正直なところ「悪戦苦闘」であった。連載は、書店SA化が徐々に現実化していくにつれ、「コンピュータ至上主義」に陥ってはいけないと逆にブレーキをかける必要を強く感じていた時期だった。業界挙げてのコンピュータの積極的利用の勢いあまって電子情報による駆逐さえ叫ばれ始めた「本」という商品の擁護、その特長の訴えも重要課題であった。さらには、「再販制」への公権力の介入に対する理論武装にも悪戦苦闘した。状況に翻弄されながらのさまざまなモチーフの文章は、「連載」としての統一感など最終的に放棄するものにならざるをえなかった。

それでも、ぼくがその連載を通じて本当に訴えたかったことをすくい上げてくださった人もいる。京都時代の書店仲間、元アバンティブックセンター店長の故・米栖順さんである。米栖さん

---

(2)（一八七〇～一九四五）哲学者。石川県生まれ。京都大学教授。著書に『善の研究』『思索と体験』など。「悪戦苦闘のドキュメント」は、『自覚における直観と反省』（岩波書店、「西田幾多郎全集（第二巻）」）の「序」にある表現。

は、ぼくの蛇行する連載を許して、「つまり、福嶋君のは『鬼金論《おにかな》』やろ?」と、一刀両断してくれたのである。本を販売することに「命をかける」書店人=鬼、それをサポートする情報機器=金棒、その両方が相まって、つまりはうまく出会えて協力できて初めて書店は活性化する、恐らくは来栖さん自身のそうした思いをぼくは自分へのエールと受け取り、「鬼に金棒」という章で連載を終えることができた。

「『金棒』があって、そして『鬼』がいて初めて『鬼に金棒』となるのであり、いずれが欠けてもそうはならないのだ」

昔は、本屋のおやじが、客に向かって読むべき本を教えてくれたという。そうしたフォークロアの中で、「おやじ」は「鬼」である。「鬼」が「鬼」であることがもっとも重要なことで、それだけで書店経営が成り立った時代もあったろう。一方、「金棒」だけでは本当は何もできないのだが、いたずらに「金棒」だけがもち上げられ、「鬼」が不当に低く扱われる時期がやって来た。『金棒』があって、そして『鬼』がいて初めて『鬼に金棒』となるのであり、いずれが欠けてもそうはならないのだ」というのは、そうした状況への本心からの発言であった。

いかなる商売も「戦さ」である。それは、同業他社との販売競争であると同時に、「売り買い」を「商品の生命がけの跳躍」という相で見れば、常に売り手と買い手の「戦さ」となる。「戦さ」に勝つには、強い「武将」をもつこと、また育てることが必要である。つまり、「鬼」を育てることが肝要である。

「鬼」が腕を磨くには、外の「鬼」を見ることが何よりである。外の「鬼」に出会い、その力を知り、学ぶべきは学んで、何とか勝とうと切磋琢磨する。そのことによって、自陣の「鬼」は力を増す。ぼくが、社外の多くの書店人と交わるのはそのためである。社内にも学ぶべきところの多い先輩はいたが、ぼくが入社したころのジュンク堂書店は、一号店の「三宮店」（神戸市）がオープンして六年目、ようやく二号店の「サンパル店」（神戸市）がオープンしたころである。会社としても若かったため、外に学ぶべきことはまだまだ多かった。外の「鬼」は、出版社の営業マンであったり、他書店の担当者であったり、あるいは大学生協の職員であったりもした。話している中、「ああ、このジャンルの知識についてはまだまだこの人にかなわない」と感じたことが、自らにさらなる勉強を促した。負けず嫌いであること、これが「鬼」にとって必要不可欠な素質である。

「負けず嫌い」であることについては人後に落ちない自信はあったが、それは「鬼」であることの必要条件であっても十分条件ではない。その後、ぼく自身が「鬼」になれたのか、本当に正直にいって自信はない。ただ、「鬼」を育てようとした思いについては自信がある。あえて「鬼」の手本を外に求め、自分の部下や後輩を、「外の鬼」に出会わせようとした戦術については胸を張れる。

今でももちろんそうだが、新入社員たちは夢に胸を膨らませて入ってくる。ぼくらにできる最大の援助は、そうした夢を萎ませないことだけである。書店という職場には、どうしても女性が多くなる。基本的に小売業であるということも理由の一つであろうが、正直いって、少なくともぼくらが扱う書籍に興味をもつ人たちについていえば（たぶん、他業種においてもそうなんだろうが）、圧倒的に女性の方が能力は高くなっている。

その中で、人を育てることの、少なくとも量的な割合は、女性社員を育てることに重心が移る。京都店時代、新入女子社員を育てるために、入社早々から積極的に外に連れ出した。出版社の人たちや他書店の人たちとの交歓会などに、一緒に参加してもらったのである。彼女たちにハッパをかけるには、男性上司であるぼくたちがあれこれいうより、社外の「女鬼」を見せた方が手っ取り早くて確実だと思ったのである。手本にしたり、目標にしたり、ライバル視する人たちが多いほど「鬼」の成長は早い、と考えた。京都店時代に、同業他社の人たちときわめて親しくしていたのはそうした理由もあったのである。

閑話休題。

別にぼく自身が「鬼」であることを諦めたわけでもなく、「鬼」を「女鬼」に任せきったわけでもない。男であろうが、女であろうが、「鬼」になってもらわなくてはならない。実は、ＳＡ化が進んだからこそそうであるのだ。

ぼくの所論にとって「金棒」がコンピュータ導入による書店業務のシステム化である以上、差し当たり召喚されるべき「鬼」は、コンピュータが弾き出すデータから何かを読み取ることができなければならない。コンピュータによる迅速かつ正確な販売データの微票から次の行動を（つまりは、仕入れや展示の戦略を）即座に決定できる、それが「読み取ることのできる」という意味だ。それができる「鬼」の存在こそ、書店SA化が意味あるものとして認められる最低条件なのである。

データを読み取り、仕入れに生かす判断が必要とされるのは、もちろん書店業界だけではない。我が業界よりもずっと早くPOSシステムを導入した小売業、スーパーマーケットやコンビニエンスストアでは、そのためのノウハウもずっと進んでいることと思う。だが、言い換えれば、ノウハウが進む業種には「鬼」はいらない。同じ商品を周期的に買う消費者と、（例外を除いて）同じ商品を買わない読者は、まったく性格を異にする購買者なのだ。性格の違う購買者を相手にする売り手側も、当然、戦略および必要な人材面で性格を異にする。

繰り返し販売を基本とするスーパーやコンビニのデータ活用は、量的なものといえる。流行り廃りはすべての商品にあるにはせよ、それほど長くない期間でのデータ活用においては、仕入れ数は割合簡単な方程式で割り出せる。データを同じ商品の売れ行き予測に活用することができるからだ。

一方、書店の販売データは、たとえば同じ著者の新刊など新たな商品のために、すなわち販売実績ゼロのもののために使う必要がある。つまり、データを質的なもの、すなわち数量だけではなく、付帯する属性を常に勘案しなければならないものとして利用せざるを得ない。そうした利用ができるのは、実直な観察者ではなく「鬼」なのである。ある場合には、データをまったく捨て去る「鬼」であってこそ初めて書店の販売データを利用できる資質をもつといえるのだ。

言い換えれば、一つのデータから同一の結論（販売計画）が因果律的に導き出される業態には「鬼」はいらない。データから機械的に弾き出された指示通りに動く、いわば手足のような存在が必要とされるだけである。書店業界でも、SA化の大波の中で、そのように見誤った事例が多くあったのではないかと危惧される。もう「鬼」はいらない。SA化さえ成されれば、従業員はアルバイト主体でよい。データ通りに動いてくれれば、職人的な書店人と同様に結果を生み出すことができ、しかも彼らのように文句もいわず、人件費もかからない従業員で店を運営することができる。

こうした「桃源郷」を妄想した経営者、管理職は、今、恐らく「書店SA化」に騙されたと憤慨しているのではないか。機械を導入することでそんな「桃源郷」が手に入るなんて誰も保証していないにもかかわらず……。少なくとも、これまでに著した二冊の本で、ぼくはそんなことをいった覚えは毛頭ない。

繰り返す。書店のＰＯＳデータを本当に使えるのは「鬼」だけである。それは、真の利用が、「データを捨て去ること」をも視野においた上でしかできないというのが書店という業態の本質だからである。だとすれば、「鬼に金棒」のニュアンスも微妙に違ってくるのではないか。書店業界における「鬼」は、「金棒」を捨て去ることも念頭における「鬼」なのだとしたら、「鬼に金棒」という成句にはふさわしくないのではないか？

まさしく、その通りである。ＳＡ化が順調に進化していったとき、真に必要な「鬼」は、データを読み、システムに従って仕事を進めることによって安住の地を得ようとする人々ではない。そうした「鬼」こそ、これまで「書店人」と呼ばれてきたのではないのか。

スリップなど触わらなくても棚を一瞥した瞬間、「ああ、あの本が売れたか」とつぶやく「鬼」。新刊書を手にした途端、（もちろん、その本の売り上げデータなどいまだ存在しない段階で）「〇〇冊くらいは売れるだろう」と予感する、さらには間違いなく買っていくだろう顧客の顔が目に浮かぶ「鬼」。そのときすでに、その本を売るべく棚に収め、さらに棚のレイアウトを変更し始めている「鬼」。そうした「鬼」が今こそ求められていることは、きわめて論理的かつ具体的に論証できる。

ＰＯＳデータに基づいて自動発注される本については、補充されたときに正確な場所に収めればいい。その仕事は「素人」でできる。新刊などの非自動発注商品については、そのリストが出るから几帳面な担当者で充分であり「鬼」はいらないかもしれない。何らかの理由でＩＳＢＮ（3）を読み取れなかった商品（たとえば、バーコードもなく、ＩＳＢＮがＯＣＲ文字でなかったり、赤文字や白抜きだった場合）についても、スリップを「ＰＯＳで読めなかったスリップ」としてきちんと分けてくれればいい。そうしたＰＯＳに登録できなかった例外的な販売商品については、担当者がスリップを使ってＳＡ化が現実化する以前の仕事をすればいいだけの話である。

レジの「素人」が間違える。そのときに「鬼」は必要となる。システムは、間違いを予想していないからだ。だが、ＰＯＳレジで読まなかった商品のスリップを読んだものの中に入れてしまう間違いはいつでも生じ得る。そうした、ＰＯＳレジで読まなかったにもかかわらずその報告ができなかった商品はいつでも存在し得る。

「あの本、売れたみたいだな」と棚を見ただけで知ることのできる「鬼」が、販売記録に載ってこなかった商品を「レジの担当者が間違えたな」と手当てできて初めて、いかなるシステムにも併存する間違いをフォローできるのだ。そうしたフォローこそ、原理的に間違いというものを予想することのできないシステムを補完することができるのだ。

システムは、その運用上の間違いをあらかじめ前提としない。「ケアレスミス」という、実はきわめて起こりやすい間違いをすべて考慮してはシステムは構築できない。だから、システム構築の際に「ケアレスミス」は「無視」される。しかし、それは実に起こりやすいミスだ。システム担当者が、いかに声を大にして口を酸っぱくして「ミスをしたら駄目ですよ」と叫んだところで「ケアレスミス」は起こる。だから、システムの効率的運用には、あらかじめシステムが排除した存在こそが逆説的に必要なのだ。その存在こそが「鬼」なのだ。

「鬼」にとっては、システムの合理性など関係ない。システムがフォローしきれないところはスリップで補完しよう、という小賢しささえも不要だ。棚を見た瞬間、何が売れたかを知り、その後どうすべきか瞬時に判断できる、剣豪のような存在が「鬼」なのだから。

「鬼」は、今述べたような「棚の鬼」だけではない。そもそも「システム化」そのものが不可能である「接客の鬼」も必要だし、そして、いる。

接客とは、売り手と買い手のコミュニケーションそのものであり、しかも、両頂を対等な立場に置くルールはない。すなわち、「接客」という行為において、売り手が買い手に相対するとき、合理性だけをもって「勝負」するわけにはいかない。大切なのは、どちらが正しいかということではない。売り手が、買い手にいかに納得させるかなのである。そのとき「接客の鬼」は、コンピュータの弾き出したデータを、幸運にも「説得」に利用できる場合があるかもしれない。しかしながら、データは利用できるだけであり、頼みにすることはできないのである。ましてや、接

---

(3) International Standard Book Number。国際標準図書番号。書籍の流通業務合理化のため、市販する図書につけるコード。一〇桁の数字で、国籍・出版社・製品を表示する。

客の失敗をSA化に帰責することなどできるはずもない。

接客の難しさがコンピュータ導入によって緩和された、あるいは緩和されると思っている書店人はどこにもいないだろう。そして、接客という行為が、書店業にとってもっとも大切な行為だということは、現場の雄は誰しも体感している。だから、SA化が実現した後にも、否そのときこそSA化を有意なものとするためにも「接客の鬼」は必要なのである。

民俗学、歴史学や国文学には素人ながら、ひょっとしたら「鬼」とは、それぞれの時代の社会システムから排除されながら、逆説的にそのシステムを支えてきた存在だったようにも思われる(浜田広介[4]の『泣いた赤鬼』の青鬼は、その典型かもしれない)。「SA化」、「システム」、「合理化」という「美名」のもとに放逐され、いまや「レッドデータ(絶滅動物)」にも記載されかねない「鬼」たる書店人こそ、自らを誤まって放逐しようとした「システム」の守護者であることを「システム」の推進者はよく知るべきである。一方、「鬼」の方でも、「システム」が世の趨勢であること、いくらそれを嫌ってもその趨勢を破壊することはできないこと、そして意外にも、そうした自らが嫌いな趨勢が進めば進むほど自分の仕事があることを認識すべきなのだ。

「鬼」と「システム」は、本来的には対立するかもしれない。しかし、本を売る「書店」という戦場では、本来的にどうかではなく、実践的にどうかが勝敗を分ける。「システム」が充分に進化した状況で、「鬼」もまた働いてくれて初めて「勝ち戦さ」となるのである。だから、「鬼に金棒」とはとてもいえない。「鬼」と「金棒」は、最終的に連携の場をもち得るとはいえ、最初の出会い段階ではまったく「別物」だからだ。だとしたら、「鬼と金棒」ではないか。

思い起こせば来栖さんは、「鬼金論《おにかな》」とはいったが、「鬼に金棒論」といったわけではない。その言葉を改めて「鬼と金棒論」と受け取りなおせば、「鬼」と「金棒」を結ぶ「と」が、対立でもなく、共犯でもなく、無関係でもない「と」として意義深く浮かび上がってくる。

---

(4)(一八九三〜一九七三)児童文学者。山形県生まれ。多くの作品が「ひろすけ童話」として親しまれている。

第三場　情報機関X

最初に著した『書店人のしごと』において、とくに評判が悪かったのは第7章で取り上げた「情報機関X」であった。ネーミングの悪さ、安易さが、ぼくが本当にいいたいことを覆い隠してしまった部分がある。ネーミングの悪さは確かに認める。昔、芝居を書いているときも、タイトルと登場人物名ではずいぶん苦労した。そして、ろくなものが浮かばなかった。

ただ、ぼくのいわんとすることが分かってもらえなかったのは、ネーミングの悪さのせいだけではないとも思う。ぼくは「情報機関X」を、「質的情報」を収拾し、蓄積し、発信する機能をもったものとして示した。いまだ「量的情報」の実現さえなされず、それどころか「量的情報」の価値さえも疑問視されていたときに、「質的情報」の意義が歯牙にもかけられなかったのも無理からぬことだったといえるからである。

しかし、SA化が進み、POSデータが当たり前のものとなり「量的情報」の意義は理解され、活用されるようになった今、逆に「質的情報」の意味合いは、ひょっとしたら「量的情報」に追い回される日常の中でますます薄まってしまったようにも思える。だからこそ、「質的情報」についてて再論し、書店現場におけるその重要性の再認識、「量的情報」に比べて圧倒的に処理困難な「質的情報」の処理策の模索を再び訴えたいと思うのである。

そもそも「情報機関X」のイメージ、というよりそれを要請する現場のイメージは次のようなものだった。

「新聞に出てた、あれ」、「さっきテレビでやってたあの本」といった書店現場での問い合わせ、結局分からずじまいに終わったときの書店員の労苦と読者の落胆。双方のエネルギーのロスの蓄積が、実は膨大なものであり、結果的にどちらの思いも満たしていないという事実。「あんなに話題になってるのに知らんの?」という読者の書店員に対する侮蔑と、「こっちは、テレビ観てる暇なんかないんや」という、事実でありながら開き直りと取られかねない書店員側の言い訳。「侮蔑」と「言い訳」がそれぞれの根拠をもちながら、相手を論破することもかなわず、すなわち何ら建設的な解決を見いだすことなく終わってしまっている不毛な対立を救う手だてはないものか、その対立を双方ともに満足する結果に導く方法は本当にないのだろうか? そんな、きわめて具体的、日常的な事態から要請されたのが「情報機関X」だったのである。

机上の発想とはいえ、「情報機関X」にも身近なモデルはあった。地方の書店にも時折訪れてはいろいろな情報をくれる出版社の営業マンがまさにそれで、さらには当時全国を「跋《ば》扈」(?)し始めていた、いわゆる「営業代行会社(5)」がそうであった。後者は、会社組織であることも、たとえそうであったとしても実態は一人であることもあった。いずれにしても、自社あるいは契約社の新刊や既刊商品の注文を取ることだけにあくせくしていない人ほど、ぼくの「情報機関X」のモデルになった。恐らくは、そうしたモデルたちは、決して会社の上司や契約社に褒められるようなタイプの仕事をしていたわけではないであろうが。

彼らは、注文を取ることそっちのけで（あるいは後回しで）、他書店の動向、さまざまな書店人の活動、面白い本の売り方、売れ方、ある本が売れ始めたきっかけ、その本当の理由などなど、本や書店、書店人にまつわるさまざまな情報を運んできてくれた（そしてまた、運んでいってくれた）。それが本の売り方のちょっとしたヒントになったり、積極的な仕入れを促してくれたり、またさまざまな出会いのきっかけとなったりもしたのだ。それは、売り上げカードを種分けし、数えて得られる情報（現在ではＰＯＳデータ）とはまったく位相の違う情報であり、ぼくが「量的情報」と対置して「質的情報」と呼んだものである。そして、前者を「過去志向」、後者を「未来志向」と特徴づけたのである。

しかし、営業マンたちがもたらす「質的情報」にも弱点はあった。それは、一つには営業マンたちがまさに「生身の人間」であることからくる弱点であり、もう一つは、「情報」の「到来」と「効果」に少なからぬタイムラグがあることである。

「生身の人間」である彼らにとって、情報の受信にも配信にも当然時間を要する。書店への訪問、すなわち我々書店人との接触は多くの場合周期的であり、情報の受け渡しは、通常、その周期的な訪問時に行われている。そもそも、「生身の人間」として訪問と訪問の間に収集し得る情報量には限度がある。さらに、情報受信時と書店訪問時との間にはどうしたってタイムラグが生じてしまう。書店側にとっては、「生身の人間」が運んでくれる情報が新鮮であるとはかぎらないのだ。

一方、「情報」の「到来」と「効果」の間のタイムラグとは次のようなことだ。「質的情報」がもっともありがたいのは、読者からの問い合わせがあり、「なるほど、そういうことだったのか」と得心するときである。そうしたときには、読者と商品のアクセスと、書店人と商品のアクセスの通路が重なり合う。その意味では、情報の到来は遅すぎても早すぎてもいけない。遅すぎた場合は「なるほど」が「なんだ」に終わり、たいていの場合生産性がない。早すぎた場合は、その情報の重要性を実感することができない。情報は早ければ早いほどよいと思われがちであるが、「効果」とのタイムラグがある情報は保存、整理の必要がある。タイムラグが大きければ大きいほど、情報が多ければ多いほど、保存、整理の手間は大きくなる。これが、実は書店人にはひと仕事なのである。

そうした営業マンたちによってもたらされる「質的情報」の弱点を解消すべく構想したのが、

（5） 数社の出版社と契約し、書店を訪問してその出版社の出版物の販売促進活動を行う会社。新刊の事前注文、既刊書の欠本補充注文を取ったり、フェアの提案をしたり、出版社の営業活動を代行する。

「情報機関X」だったのだ。その特性は以下の二つである。一つには、情報のプール先を「生身の人間」ではなく「機関」にすることによって、いわば「知覚神経」を広げ、より多くの情報を効率的に保存できること。もう一つは、書店人にとって、「効果」が期待できるそのときに「機関」にアクセスでき、いわば必要なときに「情報」という武器を手に入れることができること。そうした狙いが実現できれば、書店人にとって情報の管理作業を（あくまで、随時の理想的なアクセスが可能であった場合であるが）かなり軽減することができると考えたのである。

その当時は、「情報機関X」を、せいぜい営業代行会社（個人営業ではないもの）に重ね合わせることくらいしか思い及ばなかった。もちろん、現実の営業代行会社がそうした役割を担ったり、意識していたわけではなく、いわば一つの可能性として仮託しうるのではないかと夢想しただけだった。つまり、契約社の商品の販売促進には終わらない、ぼくら書店人にとってより魅力のある業態への脱皮を期待したのだった。

その期待は、現実にはあまりに困難で、またぼくらの身勝手だったかもしれない。「生身の人間」一人が「機関」となったところで、それはまた「生身の人間」の集合にしかすぎず、収集しうる、また発信しうる情報の量もたかだか構成人数倍になる程度のものだろう。また、そうした会社が出版営業の延長で仕事をしていく以上、当然、ぼくら書店人がもっとも情報を得たい夜の時間帯や土・日・祝日など、すなわち書店に来訪するお客様がもっとも多いときは普通活動していない。いわば、アクセスしたいときにアクセス先は休眠しているのである。

そして、「ぼくらの身勝手」というのは、どこかの会社が「情報機関X」の役回りを引き受けてくれたとしても、それに対する対価を書店側が想定しているわけではないからだ。対価を現実に支払う体勢にはない、そもそも書店側にそんな余裕はない。書店・出版業界は、かつても今も「ブツ」（商品）への対価しか考えていない。末端である書店自体が、お客様からは商品の対価しか取れない。検索や情報の伝達に必要なコストは、本を販売するという行為において、つまり本の対価としてしか回収できないのである。

では、やはり「情報機関X」への批判は正当だった、ぼくのいう「質的情報」の重要性をよしんば認めても、それを実現する「情報機関X」などそもそも夢物語にすぎなかったのだろうか？否、貧弱なぼくの構想とはまったく違ったところで「情報機関X」は実現していたのだ。「インターネット空間」がそれである。

きっかけは、いつもひょんなことだ。実に、日常的な店頭での出来事である。仙台店にいたころ、あるとき『俺達に明日はない』の原作（洋書）の問い合わせを受けた。ニューシネマの代表作であるその名画の原題を、ぼくは記憶していたはずだ。だが、すぐには出てこなかった。誰しも認める映画史上屈指の名作であるから、その原作が棚に入っていておかしくはない。だが、映画の原作本の棚はタイトルのＡＢＣ順に並べてあった。原作名が分からなければ探すことができない。もちろん、邦題である『俺達に明日はない』は何の役にも立たない。知っていたはずの原作名を失念していたことに非常にうろたえたのは、それゆえだった。

想起にいくらかの時間を費やして『BONNIE AND CLYDE（ボニーとクライド）』という原作名を何とか思い出した。結局、その洋書は店にはなかったと記憶しているが、そうした事態、すなわち映画の原作本を問い合わされることが頻繁とはいえぬまでもしばしばあるということを再認識させられた。日本の映画配給会社に有能な（のちに映画評論家になったような）人がいて名人芸のような邦題をつけてくれたものだから、原作本を探す困難はいや増していたのである。

こうした困難を助けてくれるものがあれば、どんなに助かることか。自らの不勉強と記憶力の弱さを棚に上げても、書店人はそう思う。ありとあらゆる範疇の問い合わせが襲ってくる書店人の、いくらかは理解してもらえるかもしれない「正当な甘え」を伴った弱音である。

トランスアート発行の〈季刊・本とコンピュータ〉のある号で、たまたまぼくの弱音にこたえてくれる情報を発見した。とある映画ファンが、映画についての詳細なデータベースを無料で公開しているウェブサイトが存在するというのだ。さっそくアクセスしてみると、そのデータベースは「原作」という項目ももっていた。ぼくはすぐに、会社のコンピューターの「お気に入りサイト」に登録した。

関連した範疇でいうと、「テレビドラマ」のサイトもあった。テレビドラマの原作も聞かれることが多い。そのサイトにも「原作」の項目があり、すぐさま「お気に入り」とした。試みに、ごくごく小さいころに父親が好きで茶の間で観ていた『事件記者』というドラマで検索してみると、物心がつくかつかないかのころにほとんど意味も分からず観ていたその番組が、かなり後になってリメイクされていた事実も知った。

外向けにも徐々に充実しつつある図書館のサイト、そして古書店業界のサイトも「お気に入り」である。現在、流通していない書籍、つまり「新刊本屋」では逆立ちしても入手できない書籍にも、何とかお客様に出会っていただきたいからだ。それは、決してボランティア精神ではなく、我々書店人の無力さを外部に補填してもらいたいからなのである。品切れ・絶版は、出版社もまた企業である以上、当然の選択肢である。品切れ・絶版について、出版社の判断を糾弾する意志も権利もぼくはもっていない。

一方、読者がそのテクストを読みたいというモチベーションは、そうした出版社の商行為とはまったく違うところで発生する。だとすれば、「書物と読者の出会い」というぼくら書店人の理念、普段ならば商行為と直結する理念が、品切れ・絶版本については商行為と無関係な（つまりは「銭にはならない」）行為を誘発するとしてもそれは許されること、さらには奨励されるべきことではないだろうか。そうした、目先の利益を考えない行為こそ、「書物と読者の出会い」の「場」としての書店のレゾン・デートル（raison d'être＝存在理由）を支えるものだからだ。そうした書店のレゾン・デートルを愚直に承認することにおいてのみ、書店人は書店という場をいわば「合法的」に得、その場での商行為を許されるというべきなのだ。

インターネットの普及によって検索のフィールドが大きく広がった今、自店でどうしても入手できなければライバル書店のサイトを覗いてみることもできる。どこにもなくて「日本の古本屋」のサイトで見つけ、在庫をもっている古書店の連絡先を客に教えたケースもある。メディアを「人間拡張の原理」でとらえたのはマクルーハン(6)だが、一冊の本の需要―供給が我々の仕事の単位であることを省みれば、インターネットというメディアは「本のありか」としての「書店」の大幅な拡張と見ることができる。大切なのは、その場合でも、需要発生の場=最前線としての書店の重要性は決して貶められないということなのだ。

京都店に勤務していたときのことだが、長らく品切れ状態であったときに高橋和巳著の『邪宗門』を問われ、「残念ながら今新刊本屋で『邪宗門』は入手できません。でも、そこそこの規模の図書館なら『高橋和巳全集』はもっていると思います。とっても面白い小説で、ぼくも大好きなので、是非図書館で借りて読んでください」とお客様に懇願したことがある。今ならば、いくつかの図書館の在庫リストにアクセスし、読者と本の出会いをより確実に演出することができたであろう。そうできたとき、需要発生の場=最前線としての書店は、その有効性を、物理的限界や時代的制約さえも越えて、いくらでも拡張し得るといえるのだ。

書店人にとっての書店と、読者にとっての書店、言い換えれば、販売業務の遂行を通じて利益を得る場としての書店と本との出会いを求める場としての書店は、そもそもその位相を異にしている。そのズレは、通常の販売業務＝購買行為においてはほとんど気にならないが、たとえば、品切れ・絶版というケースでは明らかになってくる。その商品を、図書館や古書店で探すという自らの業務領域をいわば越境した書店人の行為は、「書物と読者の出会い」という理念をもつ書店という場の「ホスト」としての書店人にとっては当然の行為だと思えるのである。

あるいは、そもそもぼくが領域設定の嫌いな人間だからかもしれない。「うちには置いておりません」、「うちでは扱っておりません」と、応答する態度がたまらなく嫌なのだ。そういい切って領土の安堵を図る前に、求められた「出会い」を実現できなかったことのお詫び、そして悔しい気持ちがどうして表現できないのか。それとも、そもそもそうした気持ちをもっていないのか。「うち」という時点でもう駄目である。そのときすでに、「うち／そと」の境界がしっかりと引かれてしまっているからだ。そうして、自らの居所の「うち」に立てこもり、「うち」の論理だけに頼って自らを正当化しようとする書店人にとっては、「そと」は基本的に排除された位相で

（6）Marshall McLuhan（一九一一〜一九八〇）。カナダの文明批評家。印刷物からテレビやコンピューターに移行するメディアと人間社会の姿を幅広く論じた。著書に『メディア論』（栗原裕・河本仲聖訳、みすず書房、一九八七年）『グーテンベルクの銀河系』（森常治訳、みすず書房、一九八六年）など。

あり、そこにどんなに豊かな情報の海が存在したとしてもそれを利用することはできない、否、認識することもできないかもしれない。そうした書店人にとっては、「インターネット空間」などは、あるいは我が身を脅かすかもしれない「不気味なもの」でしかないのである。

さて、さまざまなサイトに出会い、利用することで、とくにそれを書店での接客に生かす機会にめぐりあったことでぼくは確信した。

「いまや『情報機関X』は存在する」

そもそも、「機関」とか「X」とか、旧来の会社組織のパラダイムで規定したのが間違いだった。現実的に存在するいかなる組織においても、情報の収集量には限界があるし、得手不得手もある。必要なときのアクセスが確実ではない。書店人としては、営業時間――すなわち、お客様を店にお迎えしている時間――に分からないことが発生する時間と、「情報機関X」なる組織とアクセスし得る時間にズレがあるのはとても困る。

昔から、年季の入った書店人は、困ったことが起こるたびに教えてもらう先を幾つか、人によっては幾つももっていた。これこれならこの出版社、これならどこそこの誰、というふうに。そうした「引き出し」を多くもった書店人こそ、知識は豊富だが「引き出し」をもたない書店人よりずっと役に立つ。一人の書店人が手に入れ、蓄積(記憶)できる情報の総量はたかだか知れているし、何よりも領域が限定される。広範囲に興味が拡散し、さまざまな問題を投げかけてくる読者の総体に対峙できるような書店人は存在し得ない。さまざまな領域の「引き出し」をもっていることの方が、ずっと容易で、ずっと有意義なのだ。「引き出し」の中味（豊穣な情報）を、己で抱え込む必要はまったくない。自分のもっている「引き出し」をリストアップし、問題が起きた瞬間、どの「引き出し」を開けるべきか（誰に聞くべきか）を適切に判断できさえすればよい。問題が解決した暁には「引き出し」を閉めればよい。そのときに使った中身（情報）についても、忘れてしまってよい。

今ふうにいえば、必要なレスポンスが期待できるアクセスポイントを把握しており、即座にそこに辿り着くツールをもってさえいればよいのだ。そう、お気づきの方も多いと思うが、そうした「引き出し」の発想こそ、ずっと以前から書店人がもっていた「インターネット」の発想なのである。

「うち」でできないことは「そと」に任せればよい。ありとあらゆる領域の、時によってはきわめて専門的な問い合わせが生じる書店店頭という場所にあって、ホストとしての役割をまっとうすることの困難が語られる。すなわち、実践を重ねる中で、書店経験を積めば積むほどその役割は、自分一人の力ではもちろん、自分のいる書店全体、さらには会社全体の知識や経験を総動員してもまっとうすることが不可能なものであることが明らかになっていく。それゆえ、助けを

「そと」に求め、いわば「情報の貯蔵庫」として「情報機関X」なるものを構想したのだが、今から考えると、その構想のイメージは二重の意味で貧困であった。

旧来の会社組織のパラダイムで規定したのが間違いだったことは先にもいったが、では、そうした組織を数多く統合し、より多くの情報にアクセスできる組織を構想すればいいかというとそうではない。そもそも、「機関」という表現そのもの、すなわちアクセス容易な「情報の貯蔵庫」を実体視したことが間違いだったのだ。

「インターネット空間」は、もちろん「実体的」な空間ではない。その豊穣な情報の海は、単位としては（すなわち、それぞれのサイトは）それぞれのつくり手がバラバラ勝手に構築したものの全体集合であり、かつそれぞれの単位をあらかじめ整理、統合しているようなものではない。「インターネット」とは、まさに語義通り、速やかに必要な情報にアクセスするための情報「間」の通り道なのだ。そしてそれこそが、ぼくたちに「情報機関X」をいわば仮想的に提供してくれるのである。言い換えれば、「情報機関X」の名のもとにぼくが希求すべきだったのは、情報を収集し、整理・統合している何らかの実体的な貯蔵庫ではなく、豊穣な情報の海の中で必要なときに必要な情報に速やかにアクセスできる状況そのものだったのである。

そのことに思い至り、そして「インターネット」という「しくみ」を多くの書店人が有意義に使いこなすようになったとき、「いまや『情報機関X』は存在する」といえるのである。

第四場　読者と観客

「情報機関X」は、それがどのような様態で構想されようが、基本的に書店人のためのもの、売り手のツールである。当然、買い手のツールにも言及する必要がある。そうしないと、ぼくたちの生業である本の販売という行為の、片方の面しか見ていないことになる。

そもそも、「情報機関X」なる売り手のツールが要請されたのは、買い手にある本を読みたいという欲求を喚起した、何らかの情報＝刺激が存在したからだ。その欲求を満たすため、「ある本」を確定し提供するため、読者の欲求を喚起した情報までさかのぼる、それが「情報機関X」という売り手側の戦略拠点なのである。第三場にあった通り、それは実体的な組織、情報庫ではなく、たとえばインターネットを駆使して必要な情報にアクセスする行為そのものだから、「拠点」という表現は相応しくないかもしれない。むしろ、読者がさまざまな情報を経て「ある本」を読みたいと欲求したプロセスに並走しようとする書店人の側のプロセスである、といった方がいいだろう。いずれにしても、そもそも読者に本の購入を促した情報＝刺激が存在することがすべての前提であり、それは読者の側から見れば、自らが読む本を選択するためのツールなのである。

考えてみれば、年間六万点以上の新刊が出ている状況で、本を選ぶ難しさは売り手以上に買い手にとって大きい。「本を買って読む」という最終局面での選択は、読者の賭けだからである。読了後に後悔しても、その賭けは決して後戻りがきかない。代金だけでなく、読書に要した時間も、もう戻ってはこないのだ。そこに何がしかのガイダンス、本の有益な購買へと導いてくれるツールが求められるのは当然のことである。

需要は供給を生む。新聞や雑誌の多くに書評欄はあるし、書評専門紙もある。本をめぐるさまざまな話題を発信する雑誌もある。年末になれば、その年のベスト書目を総合的に、または範疇別（ミステリーなど）にランキングして発表するものも出てくる。活字媒体のみならず、本を紹介、推薦するテレビやラジオの番組も人気を博している。

考えてみれば、第三場で「いまや『情報機関X』は存在する」と高らかに宣言したインターネットについても、その利用については読者の方がずっと進んでいることだろう。インターネット書店の利用や出版社のホームページの閲覧はもとより、興味をもった人物や事柄をキーワードにネット空間全体を検索し、あるいはリンクによってさまざまなサイトを渉猟することによって（ネットサーフィン）、多くの読者が読みたいと思う本の情報に行き着いていることであろう。量的にも質的にも、書店員におけるインターネット利用などはそうした人たちの足元にも及ばないであろう。

しかし、悲観することはない。もともと書店員にできることは、せいぜい大きく引き離されることなく読者を追走していくことだけなのだ。追走しているうちに、知らず知らず読者が駆使するツールを自分も使いこなすようになる。一幕でも述べたように、書店員は基本的に後手番だから、先手が手を進めてくれないことには応手も出てこない。読者がさまざまなツールによって本の情報を得てくれること、それによって自らの読書欲をかき立ててくれること、すなわち本の需要を発生させてくれることは願ってもないことなのだ。一幕第一場で述べたように（一一一ページより）、書店員と読者は勝ち負けを争っているわけではなく「共闘」関係にあるのだから、味方が有効な武器を持つことは大いに歓迎すべき事態といえる。

さて、読者が本を探すための武器の一つとして、ここでは新聞書評を取り上げてみよう。それは、恐らくはもっとも古くから存在するオーソドックスなツールであり、「以前に比べて効かなくなった」といわれながらもなお、というよりそういわれ出してからさらに紙面が増えた本の紹介媒体である。それだけ、書籍との親和性が新聞というメディアにはあるのであろう。ただし、買い手のツールといいながら、その取り上げ方が売り手の視点で見たものになることはあらかじめお断りしておく。

新聞書評を見て本を求める読者の数というものは、すなわち自らが読むべき本の選択ツールとして新聞書評を使用している読者の絶対数は、増えても減ってもいないのではないかというのが現場での実感である。常に、何が書評に取り上げられるかに神経質になっていなくてはいけないほど新聞書評が販売部数に影響していたわけではなかったし、一方、まったく無視していいほど影響していなかったわけでもなかった。状況がかくもオルタナティヴであれば、書店人の仕事もそれに平行してオルタナティヴになる。つまり、書評に載った本をすべて集めて書評棚をつくるか、一切集めないかである。

書評棚をつくるなら、店内在庫のすべてを動員すべきである。一冊しか在庫していない本が、もともとあった「本来の」棚からなくなってしまう場合もそうである。書評が載った日曜日、全ジャンルのスタッフを動員し、午前中のほとんどの時間を使ってできるだけ完璧な書評棚の構築に当たる。その棚には、書評欄そのもののコピーもファイルして設置する。すでに書評に動機づけられて来店された客、そして、棚に設置した書評に動機づけられ得る客を狙い撃ちした作戦である。

正反対の作戦も成り立つ。書評棚をつくらない、という作戦である。動かないことも勇気ある作戦なのだ。その作戦では、日曜日の午前中を書評棚つくりにあてる必要がなくなると同時に、一冊しかない本を、もともとあった（本来の）場所から移動させることによるリスクからも解放される。書評に動機づけられない客を重視した策といってよい。

どちらの作戦が優れているというわけではない。書評を読む客、読まない客がそれぞれ存在している以上、戦果も二分される。

京都店のときには、前者の作戦をとった。朝礼で、〈朝日〉〈毎日〉〈読売〉〈日経〉の四紙の書評欄に取り上げられた書目がすべて読み上げられ、その所在が確認された。そして、午前中を目いっぱい使って、店内在庫があるものについては一冊ずつ一階の「話題書コーナー」に設けた書評棚に並べた。結果的にかなり手間暇をかけることになった書評棚も、読者の認知を得るに従って効果を上げていった。日曜日のお昼に、そこから本を何冊も抜いて買っていくお客様が現れた。スリップに印をつけることで速やかな補充を図ると、何度も書評棚に補充をしなければならない商品も出てきた。

今いる池袋の店では、作戦は後者だった。書評棚はつくらない。日曜日の午前中の作業からスタッフ全員が解放され、書評棚へと「応召」することによって「本来の」場所でその本が切れてしまうというリスクもなくなった。書評に拘泥するあまり、労力対効果に疑問が残る作業にスタッフのエネルギーを注がせること、書評に取り上げられたという事実を唯一の共通点とする本を集めた、実は非常に見にくい棚をつくること、新聞書評に関心をもたない読者が本来の

書評コーナー

場所でその本に出会う機会を損失するリスクを負うこと、などといった意外と大きい書評棚の負の側面を回避することができたのである。

一方、各フロアから一冊ずつ集めた棚で充分に用が足りたということは、書評が購買意欲につながるような読者がごく一部であったことの証左でもある。でなければ、書評棚から本が売れた直後に、別の客からのクレームが入ったであろうから。

「書評で見て買いに来たのに、書評棚に並んでいないではないか！」

そんなことはめったになかった。だとすれば、書評された本をあくせくと書評棚に集める作業そのものが逆効果という見方も出てくる。それは、商品を、本来の収まりのいい場所から「ひどく見にくい棚」に移動させる作業だからである。一冊抜くぐらい何でもない、といえるほど在庫をもっている本はそれほど多くない。だが、書評棚を本当に生かそうと思ったら、一冊しかない商品でもそこに移さなければならないのだ。先に記したように、京都店では現にそのように指示した。

そこまで徹底的にやったからこそ、書評棚からのまとめ買いが生じたといえるのだが、その一方で、書評を読まない客に対しては購買の機会を奪ったかもしれない。売る側からいえば、販売機会を喪失したかもしれないのである。どんな店づくりをしようと、書店は読者を結果的に選んでしまっているのである。

ならば、書評棚をつくるかつくらないかはまったくの二者択一なのだろうか。すなわち、書店人にとって、書評を重視してその効果に期待するか、書評を一切無視するか、妥協点のない究極の選択肢なのか。

否、書評を重視し、その効果を期待しながら、書評棚をつくることの労力とリスクを回避する第三の方法がある。手品でも、魔法でもない。何のことはない、書評が載った新聞そのものを常設し、客の目に触れる所に置き、自由に閲覧してもらうことである。それを見ながら、お客様に所望の書目を指示していただき、書店員がそれを店から探し出してきて提示すればいいのである。

そもそも書店としては、書評が読者の購入動機となってくれればいいのであって、書評を棚づくりの道具にする必要性はまったくない。実は、多くの読者は書店にやって来る前に、自宅や会社でとっている新聞の書評に目を通しており、来店の動機づけがその新聞書評の一つによってなされている場合も多い。書評棚で商品を抜いていく客の大半はそうである。ならば、新聞の書評欄を店頭に常設する必要もないのではないかというとそうではない。きちんと目当ての書目の書評欄を切り取って来店する客、書名、出版社などを正確にメモして来店する客、あるいは正確に記憶している客がその一部にしかすぎないという経験則により、書評欄の常設が有効であることを現場の人間は痛感しているのである。不正確な書名(書評そのものの見出しを書名として記憶されてくる客も意外に多い)や出版社名、「○○新聞で見た」というだけの問い合わせによって右往左往させられた歴史が長いほど、情報の出所を手元に置き、客に再度開いてもらって正確な情報をいただけることのありがたさを、書店人は誰よりも承知しているのである。

書評に動機づけられて来店された客の問い合わせを受けたとき、そのときに初めてその出所をともに見る、客の動機を共有するという方式は、分からないことが生じたときにインターネットにアクセスしてみるという、第三場で書いた方法と軌を一にする。書評棚をつくらないという行為（非行為）は、必要なときに情報源にアクセスする方法だけを知っていること、あらかじめその情報源のコンテンツを記憶しておく必要はないという先の書店人の智恵、ツールとパラレルなのである。

さらにいえば、ある本がどのように書評されたかという情報もいらない。あらかじめ読んだ書評に動機づけられた読者の問い合わせに答えるためには、書評された本が何だったかさえ分かればいいのである。書評に取り上げられた本のリストをつくっているサイトがあれば、そこにアクセスして調べてもいい。それが、ライバル書店のウェブサイトであれ、利用できるものは臆面もなく利用すればよい。

新聞社自身が、次の書評欄で紹介する本をあらかじめリストアップしているサイトもある。実は、インターネットが普及する前から書店人に嘱望されていた情報である。間に合えば商品を手配する、でなくとも在庫状況のチェックが事前にできる。それが曲がりなりにも実現しているならば（というのは、手配に充分なほど余裕をもってその情報そのものが発生しないから）、書店現場の人間にとって利用しない手はない。

だが一方、書評棚に並んでいる本を見て、逆に「これが書評で取り上げられたんだ」というように興味をもつお客様、そこから、たとえば京都店では本と並べて差してあったクリアファイルに収めた書評のコピーを読んで動機づけられるお客様、常設された新聞書評欄から面白そうな本を見つけて「これを探してくれ」というお客様がいらっしゃることも事実なのである。だから、労力対効果を考えなければ、書評をめぐる三種の作戦はどれも間違いではないのだ。お客様の多様性を考えれば、どれがより勝っているともいえないかもしれない。書店の棚というもの、つまりは書店人の工夫というものには完璧な大正解も存在せず、一方、まったくの無意味さも存在しないのである。

我々書店人の対応を含めて話を具体的にするために新聞書評を取り上げたが、そもそもテーマは読者のツールについてであった。書評誌、テレビ番組、ウェブサイトと、それは現在多様なあり方をしている。ならば、新聞の書評棚を含めて、そのどれかに依拠した棚をつくっても、絶対ではないことはもちろん、相対的優位も確保できない。一方で、それぞれの棚に共振する読者は共通したツールを媒介にしている。だから、さまざまな棚づくりの努力はそれぞれ有意である。

出版・書店業界の総体としてもっとも有効なのは、それぞれの書店がさまざまな情報をもとに多様な棚をつくり、元になった情報を媒体に多様な読者と共振することであろう。

ただ、出版・書店業界の未来を展望あるものとするためには、実はそうした多様性（それを実現するのも大変な困難を伴うと思うが）で事足りるわけではない。危機の根本はもっと深い。共振すべき読者そのものの減少である。

「活字離れ」は叫ばれて久しい。有意な統計的数値でもってそのことの真偽を検証する用意はぼくにはないし、よしんばそれが証明されたとしても、そのことをいわば出版・書店業界の沈滞（あるいは沈没か）の外的理由にしたくはない。それに、あまりに簡単に言い訳の材料をつくってはいけないと考える。「活字離れ」の原因を社会的要因に求めるにせよ、教育のありようや若い世代の怠惰に帰するにせよ、またそれらが事実そうであったとしても、もともと人に本を読ませることを生業としている業界が自らを免責する理由にはならないはずである。

出版・書店業界が商売抜きに教育機関の代行をすべし、といいたいのではまったくない。商売だからこそ、読者という顧客を形成しなくてはならないのだ。市場の増減を、すべて外的な要因に左右されるというのは商売として情けない、という気持ちをもつべきなのだ。そうした覚悟をもって初めて、ぼくたちの商行為が、教育や社会というよりニュートラルな仕事と連携できるのではないだろうか。

ぼくたちにとってのマーケティングとは、市場を調査することではない。ぼくたちが扱う本という商品が、あらかじめ存在する市場にあわせて開発されるというより、その市場そのものを形成することで存在し得る商品であるならば、ぼくたちの商行為もそれに平行した姿勢でなされなければならないのだ。すなわち、ぼくたちにとってのマーケティングとは「市場の創造」である。さらに具体的には、「読者の創造」である。

幾つかの試みが始まっている。各地の書店の児童書売り場での「読み聞かせ会」、自動車で移動しながら子どもたちと本との出会いを実現させようという「おはなし隊」などの活動、全国の小中学校に浸透しつつある「朝の一〇分間読書運動」、そして赤ちゃんに絵本を無料配布する「ブックスタート」(7)などである。

ぼくも参加した「本は読者に届いているか」という座談会（朝日新聞社「広告月報」二〇〇一年一〇月号掲載）でも、そうした話題が出た。その場でも指摘されたことだが、今挙げた試みはすべて子どもを対象にしたものだ。書籍売り上げが連続前年割れで危機感が漂う出版・書店業界

---

(7)「赤ちゃんといっしょに、絵本を介して楽しいひとときを」というメッセージを伝えながら、地域の保健センターで〇歳児検診に参加するすべての赤ちゃんと保護者に絵本を手渡す運動。一九九二年にイギリスで生まれたこの運動は、二〇〇〇年の「子ども読書年」を機に日本でも導入が研究され、試験的な実施を経て、二〇〇一年度には三四地域、二〇〇二年度には三〇〇地域を超える市町村自治体が実施を開始し、急速な展開を見せている（「子ども読書活動推進実体化のためのマニュアル」NPOブックスタート支援センター事務局長白井哲氏による）。

を、すぐさま右肩上がりにしてくれるような即効性はない。いわば、何年か、あるいは十数年先に本を買ってくれる読者を地道に育て上げる作業である。迂遠《うえん》なようだが、今具体的にできることを少しずつでも積み重ねていくしか方法はない。逆にいえば、過去数十年そうした努力をしなかったことのツケが今回ってきている、といえるのである。そのツケを返すべく今はじっと堪え忍んで、そうした読者が育ち、市場を拡大してくれるのを待つわけだ。

長期的な展望に立ったこの姿勢自体は間違っていないと思う。ただし、「失われた一〇年」は、そのまま行く手に長く横たわっているともいえるのだ。その道を進んでいくこと自体が並大抵なことではない。今から仕込んでいく「読者」が成長するまで、「冬眠」して待つわけにはいかないからだ。出版・書店業界が存続していくためには、現在の購買層をも維持、拡大していく必要がある。

誰しも、自らの読書体験を振り返ってみれば、そのきっかけは偶然の出来事、出会いであったことを想起することだろう。本が、大仰にいえば生命維持とは直接に関係のない商品なのだから、当然のことである。たまたまある本に出会って、その学問、芸術、創作の世界に引きずり込まれてさらなる読書体験を求めていった、というのがほとんどの道行きであろう。需要あって本があるのではなく、本があって需要が生まれるというのはそれゆえなのだ。

もっとも私秘的な嗜好品ともいうべき本との最初の出会いが偶然性に満ちたものであるとすれ

ば、そうしたいわば「個々の市場」を外側から発生させる効果的な方策はない。ただし、発生した「市場」を維持、拡大するための努力、すなわち嗜好を誘導していく努力については出版・書店業界にも大いに余地があるといってい い。先に取り上げた「書評」にしても、決して市場の発生装置ではなく維持・拡大装置なのだ。あらかじめ「本を読みたい」という気持ちがあればこそ、人は新聞の書評欄を読み、〈本の雑誌〉や〈ダ・ヴィンチ〉を買うのである。

　あるいは、書店そのものがそうである。書店に足を運ぶ読者が、あらかじめ「何か本を読みたい」という気持ちを抱いて来店していることに間違いはないからである。程度の差こそあれ、そうした気持ちがまったくなければ人は書店などにはやって来ない。書店が、書棚と応接双方

〈本の雑誌〉（本の雑誌社発行）

〈ダ・ヴィンチ〉（メディアファクトリー発行）

でそうした読者の嗜好をそそり、本の購入へと導いていくこと、すなわち「誘惑する書店」であることが間断なき「市場」の発生であり、自らの存続を図る唯一の道であるといっていいであろう。

お客様の入手したい本が確定している場合、その本に出会わせることがまず大事なことである。無理のない棚構成と的確なジャンル分け、問い合わせを受けたときの的確な対応によってお客様に速やかにその本を提示できたとき、さしあたりの顧客満足は得られる。そうした場合はたいてい購入に結び付くから、そのお客様は「読者」であり続ける。すなわち、「市場」は維持し得る。SA化の推進で、検索機能のレベルアップが図られた所以である。

不幸にも店頭在庫がなかった場合、入手の可・不可、調達に必要な日数をできるだけ正確につかみ伝えることで、現物を即座に提示できなかった状況を補填しなければならない。それが充分にできたとき、度数は大幅に低下しているであろうが顧客満足はある程度獲得できる。こちらの情報に、さらには情報入手力に信頼をいただき客注に結び付くと「市場」は存続していく。後日、入荷した客注品をお客様にお買い求めいただければ、書店としては、塁上にランナーをためたとはいえ失点なしという結果になろう。無失点で切り抜けるためには、客注品の入手に要する日数をお客様が待てる日数の範囲内に収めること、そして、入手までの期間をできるかぎり正確に伝えることが肝要である。

お客様が最初に問い合わせてこられたその商品に本当はこだわる必要はない、という感覚も実は重要である（二幕第二場の解答・解説参照。九四ページ）。書名を確定されて聞いてこられたお客様も、まさにその本でなければならないことも確かにあるが、たまたまその書名を何かで知っただけで、同じテーマのほかの本でもよかった、あるいはほかの本の方がよかったという可能性も充分にある。せっかく来店してくださったのだからご案内すべきである。書店に来てくださるお客様は、その時点ですでにある能動性、積極性を示しているのだから、それを増幅しようとしない手はない。お求めの本がなかった場合でも、その本が置いてあった棚、あるいは在庫していればそこにあるであろう棚までご案内すべきなのである。ほかの本も吟味してくださる、買ってくださる、関連の商品、関連の領域にご本人自身思いもかけなかった興味をもっていただける可能性は、来店されたという能動性を考えれば充分に期待できるからである。

そのとき、ほんのわずかかもしれないが「市場」は拡大できたといえる。「目的買いのお客様も、二冊目からは衝動買いなのだ」と力説する出版人もいる。大事なのは、そうした「市場の拡大」が決してお客様にとっても損ではないということを知ることである。書店に来られるお客様の多くは、「誘惑されること」を望んでいる。書店人が、最初に問い合わせを受けた商品のあるなしにのみ勝敗の結果を見るのはあまりに狭量であり、本当のビジネスチャンスをみすみす取り逃がしていることになる。在庫がなかった商品は客注で将来の販売を確保し、お客様がその本のために用意されたお金は、別の本の購入によって店に落としていただく。在庫がなかったことによって売り上げを倍にするくらいの気構え、「災い転じて福となす」気概はもっとあってよいと考えるのだ。そうした気概こそ、ご来店くださったお客様の能動性と共振すると信じるから。

そうした「市場の拡大」、ミクロ的な「市場の発生」＝マクロ的な「市場の存続」は、いうまでもなく共振する相手あってのことである。書棚の商品配置で、そしてフェイス・トゥ・フェイスの応接でその共振を生み出すためには、お客様にご来店いただくことが最初の一歩となる。

芝居に似ている。書店は、その意味でかぎりなく劇場に似ている。劇場もまた、観客が足を運んでくれなければ何ものをも生み出せないからだ。幸運にも観た芝居に共振した観客は、もっと観たい、同じ役者の芝居を観たい、ほかの劇団の芝居も観たい、他ジャンルの芝居も観てみたいと、「市場の発生」を、「存続」を、そして「拡大」を現実化してくれるのだ。劇場側から、あるいは劇団側からいえば、それは、観客が共振できる芝居を生み出せたかどうかにかかっている。そのために一所懸命稽古を重ね、「いい芝居」をつくり上げることに精いっぱいの努力をするのである。ただし、どんなにいい芝居を演じても、観てもらえなくては何にもならないということも忘れてはならない。観客が、劇場（書店）に足を運ばなければどうしようもないのである。「演劇を観る人を育てたい」という実践、亀戸文化センターの村田曜子[8]さんの活動記録を〈演劇人〉[9]００８号（二〇〇一年一〇月）で見つけた。古代ギリシャ劇から現代劇まで、戯曲中心に読んでいく社会人向けの講座である。一見地味な試みが、思いのほか好評を博したと記録されている。

村田さんによれば、「劇場を運営する側として、今すべきことは、舞台に興味を持つ人を増やすことである。いくらいい作品が上演されても、人が劇場に足を運ばなければ何も生まれない」という考えのもとに行った「今回の講座実施により、演劇をもっと勉強したいという人がこんなにもいたとわかったことが何よりの収穫であった」という。

四〇〇席の劇場をもつ文化センター主事の活動として大いに評価したい。たぶんに失礼ないい方ながら、文化センター自体は、地域の主体的な文化的情熱の結晶というより、いわゆる「ハコモノ」行政の産物かもしれない。しかし、そうだとしても、否それゆえにこそ、せっかく建てられた「ハコモノ」を生かすことが何よりも大切なことである。完成度の高い舞台作品を誘致することによって、それを鑑賞する観客を呼び寄せること、そうした観客を創り出すこと、それが大切なのは審美観に優れた観客による鑑賞が観客個人にとって有意義であるからだけではなく、そうした観客による批評が、より優れた舞台作品を創り上げるモチベーションともなるからである。

（8）一九七三年東京生まれ。東京学芸大学大学院造形美術講座（芸術学、演劇）修了。研究テーマは、演出理論、演劇教育、アイルランド演劇。現在、（財）江東区地域振興会／江東区亀戸文化センター主事。

（9）季刊。一九九八年四月創刊。編集・発行　財団法人　舞台芸術財団演劇人会議。

かつて、事情があって続けられなくなって劇団をやめていった仲間たちに、「いい観客となってくれることも演劇活動の大事な部分だ」といい続けたこと、高校で演劇を志す若い諸君に「とにかく、舞台を観に行け」と尻を叩いたこと、劇団活動を続けていたころ「観てくれる人あっての活動だ」と常に自戒し続けたこと、そうした思いは、書店という劇場で働いていてもまったく同様である。そして、まったく同様であることには充分な根拠があるといえる。

いかなる立派な作品、論述も、それを実際に読んでくれる読者なしにはゼロである、そして、いかなる立派な書店も、訪れる観客なしにはゼロに等しいのだ、と。そして、次のように結ぶ村田さんの言葉を、書店人としても肝に銘じねばならないであろう。

「演劇制作の方にはどんどんすばらしい舞台を創ってほしい。そしてその舞台を少しでも沢山の人に観てもらいたい。つまらない作品にはつまらないと言い、すばらしい作品にはすばらしいと言える観客を育てていけるように尽力したい。ひいてはそれがいい劇場になることを信じて」

書店もまた、常に読者の鋭い批評の眼に晒されていることを忘れてはならない。そして、そうした読者の率直な意見に耳を傾けることによってのみ、いい書店になっていくのである。お客様にとって、「文句のつけがいのある書店」を目指そう。

さて、これまでに述べてきたように、ある書物の読者は「あらかじめ存在」しはしない。その書物がその読者の手に渡って（それも多くの場合は偶然に）、初めて読者が生まれる。書物そのものが市場を形成するという所以であるが、その市場形成の条件として、やはり「読者市場」というものがあらかじめ存在することが要請される。ミクロにいえば、「本を読もう」という意識のある人にしか書物が自らを売り込むことはできないのだ。それをマクロな次元でいえば、個々の本同様、出版業自体が自ら市場を形成・維持していかなければならないにもかかわらず、その形成・維持の可能性は他律的にしかありえないということである。

芝居の世界もそうであろう。一所懸命演じている側、少しでも面白いものを提供しようと頭をひねっている側でできるのは、一度来てくださった観客に再度劇場に訪れようという気持ちをもたせることでしかない。自分たちの思いも技量も、観ていただくことによってしか伝えることができないからだ。だが、「まず一度観てもらう」ことを実現するのは、「いい舞台をつくる」という自律的な努力とはまったく別の、いわば他律的な状況である。すなわち、「つくる」側の努力とは無関係であるとさえいえる。

自分が劇場に足を運び始めたころのことを想起してもやはりそうだった。それは、中学のころに「労演」(10)の会員で芝居好きだった父に連れていかれたことから始まり、のちには友達を誘って、あるいは一人で行くようになったとしても、「芝居は面白い」という最初のきっかけは他律的なものだった。そこで生まれた芝居熱が昂じて、のちには自分でも舞台に立ったり芝居を書いたり演出したりするようになるのだが、それもこれも「連れていかれて」舞台というものを観たことがきっかけ、というよりすべての前提なのである。

翻って、読書についてもそうである。ぼくの場合、年上のいとこが何人もいて、親戚が一堂に会したとき、読んだ本の感想を述べ合っているのについていきたくて、小学生のころから背伸びして岩波文庫を読み始めたのが始まりだったといっていい。背伸びだから最初は苦行だが、知らぬ間に本を読むことが喜びとなり、結局は書店人になってしまった。実際に読む前から「本を読むことはいいことだ」、さらには「ぐずぐずいわずに読め」という他律的な刷り込みなしには、「本は面白い」と思えるようになる道、「読者」となる道は辿れないのである。本を読みたいという欲望は、性欲のようにある一定の年齢に達したら自然とわき上がってくるものではないのだ。

その部分では、他力本願でしかあり得ない。何にすがっていいかは不分明ながら、その一つに学校教育があるのは確かである。「つめこみ教育」、「受験教育」と非難され続けたここ数十年の学校教育であるが、四半世紀前に高校を卒業したぼくには楽しい思い出もある。模擬試験の現代国語の問題文を読みながら、これは面白いと思って本屋に買いに走った作品もある。やはり、学校現場には頑張ってもらうしかないようだ。

先に挙げた座談会「本は読者に届いているか」で、数学の入門書的なもの、英語の再勉強本などが東京駅前の八重洲ブックセンターで売れているという話が出た。立地的に見て、ビジネスマンが買っていることに間違いはない。先行き不透明な現代において、ビジネスマンもさらに自分を磨くしかない世相を反映してのことであろうが、考えてみれば、八重洲ブックセンターで本を買うビジネスマンであればそこそこの英語も読めるだろうし、微積分や三角関数を理解していたはずだ。

彼らにとって、英語や数学の再勉強はいわば想起である。そうでなければ、そもそも「もう一度勉強してみよう」という気にはならないだろう。そして、その原動力は、かつて試験や成績のために、半ば被強制的に勉強していたことの記憶なのである。「ゆとり教育」を掲げて円周率も「3」でいいじゃないかとなると、将来的な不安は拭えない。大学においても教養部の廃止など、本の世界への水路がますます狭くなってきている。「朝の一〇分間読書運動」を始めてくれた教育の世界も、グロスとして見れば、現在、あるいは将来にわたって出版・書店業界に順風を吹かせてくれているとはいえないのだ。

ぼくは、一五年間、神戸市高等学校演劇研究会の秋期コンクールの講師を務めてきたが、初めのころ、観客席には講師以外に数名しかいないという状況があった。ぼく自身が演劇部の部員と

---

(10) 勤労者演劇協会、勤労者演劇協議会などの略称。勤労者が新劇の鑑賞とその発展のために自主的に組織した鑑賞団体で、第二次世界大戦にできて、日本の新劇史上で着目すべき現象となっている。一九四九年一月、大阪に最初の労演（大阪勤労者演劇協会）が誕生。

して活動していたころから思っていたことだが、審査員だけを相手に芝居をするなんてとんでもない。観てくれる観客あって初めて芝居は成立するのであり、また、ほかの学校の舞台を観ることが演劇部員たちにとっても何よりの刺激になり、勉強にもなる。顧問の先生方に聞いてみると、運動部と違って学校側がなかなか公欠を認めてくれないのだという。

「絶対に認めさせるべきです！　審査員だけを相手に芝居をしても、ロクな舞台ができるはずはない。役者がいて、観客がいて、初めて芝居は成立する。観客となること、観客を集めることも、演劇部の大事な活動なんです！」

そして、こうも主張した。

「だいたい、先生方は演劇部の活動について学校でもっと自信をもつべきです。舞台を成立させるために、部員たちは一所懸命台本《ほん》を読む。その読み方、舞台形象化にもちろん巧拙《こうせつ》はありますが、役者は少なくとも自分の台詞を覚えるほど何度も何度も読み込むのです。いい役者は、ほかの役の台詞も覚えているだろうし、台本全体を記憶しないとできない演技もあります。いい演出家も、もちろんそうだ。それほどまでに一冊の本を読み込むという経験が、学校教育の中でほかに存在しますか？　ましてや、原稿用紙五〇枚くらいの台本を必死になって創作してくる子どもたちもいる。そんな機会が、学校教育の中でどこに設定されているでしょう？　そして、舞台を創り上げることは、決して一人ではできない。何人もの仲間たちと協力し、議論し、時には喧嘩もしてようやく成立するものなのです。そんなシーンが、ほかにどこで見られるというのですか？　取り上げる題材によっては、社会のありようについて、歴史について、時には思想や宗教について深く勉強しなければならない場合もある。演劇部の活動は、学校教育の重要な一環だとなぜ堂々と主張してやらないのですか？」

先生方の努力があってか、のちには平日でも観客席はいっぱいになった。

少し脱線した。書店に話を戻そう。

第一歩は他力本願しかないとはいえ、ただひたすら念仏を唱えているだけではいけない。書店空間においても、読書に対する欲望を励起《れいき》する仕掛けが、すなわち読者を継続的につくり上げていく試みがより積極的になされなくてはならないだろう。それが成功するためには、書店空間があらかじめ読者を吸引する力をもっていること、読者のみならず、つくり手、書き手も集まってくる空間であることが必要である。いわば、書き（著者）、仕立て上げ（出版社）、届け（書店）、読む（読者）という書物のレゾン・デートル（存在理由）に不可欠な要素のそれぞれの担い手が集まる劇空間でなくてはならないのだ。

ジュンク堂書店池袋本店の四階にある喫茶で行っている「連続トークセッション」は、ささやかながらそうした試みの一つである。

出版社から依頼される場合もある。著者自らが望んで、のこともある。社員やアルバイトの発案で企画が挙がることもある。少ない謝礼で著者の方たちに来ていただき、お客様にはドリンクつき一〇〇〇円の参加費をご負担いただき、一時間半から二時間くらい、主に著書について語っていただく。書店の喫茶室でのイベントだから、いくら詰め込んでも五〇人くらいが限界だ。しかし、一人ひとりの顔が見えるささやかな会であることのメリットもある。もともと能動性をもった方々がお客様だから、質疑応答も熱心で、なかなか質問が途切れず、予定時間を大きく超過してしまうこともある。

経済学者の金子勝[11]先生がとても気に入ってくださり、最初に講師で来ていただいた後、次のようにおっしゃった。

「今日は、なかなか楽しかった。人数は多くないが、それがかえっていい。話を聞いているときも質問するときも、一人ひとりが非常に熱心だった。よく会社や役所に公演を頼まれていくが、会社ではそこの社員が、役所では役所の人たちが一堂に会して聞いている。今日は、小人数でもさまざまなタイプの聞き手で、しかも全員が熱心に聞いてくれたのでとても気持ちがよかった。これから、何度もやりたい」

トークセッション

それが社交辞令でなかったのは、一年も経たない期間に三度も先生を交えた「トークセッション」を実現できたことで証明された。ほかにも、同じような感想を述べてくださった著者は多い。

　お客様の方も、喜んでくださっている。好きな著者の話をライブで聞き、言葉を交わし、本にサインをもらって握手しているときのお客様の嬉しそうな顔を見ると、裏方としてとても満足感を得られる。小さな劇場で、いい芝居を観てもらうことができたときと同じような気持ち

(11)（一九五一～　）慶応義塾大学経済学部教授。専門は財政学、制度の経済学。『市場と制度の政治経済学』（東京大学出版会、一九九七年）、『反経済学』（新書館、一九九九年）、『セーフティネットの政治経済学』（ちくま新書、一九九九年）など著書多数。

になる。劇団活動など苦労の連続で、公演直前には「もう今度でヤメだ」と思っていても、芝居が終わり、お客様の暖かい拍手をいただくと「また、やろう」という気持ちになったものだ。「トークセッション」についても、これからも魅力的な企画を立て、著者と読者の魅力的な出会いを演出していくことができたらと思う。ささやかながらも、「持続こそ力」と信じる地道な努力が、ひいては本というぼくたちの扱う魅力的な商品の市場を維持、創造することにつながるのだと期待しながら。

最後に、二〇〇一年一一月六日に、哲学者の西研[12]さんをお招きしたときの「トークセッション」の様子を書いてこの場を閉じたい。その風景が、「トークセッション」の、あるいは書店の役割といったことについて象徴的な風景かもしれない、と思うからである。

西さんには、二〇〇一年に上梓された『哲学的思考』(筑摩書房、二〇〇一年)に沿って、現代において哲学することの可能性と意味を語っていただいた。二〇人余の聴衆は、多くが『哲学的思考』を読み、あるいは以前から西さんの仕事に親しんでおられたようで、会場である四階の喫茶室は小さいながらも一つの共同体をなしていた。

しばらくして、ある中年にさしかかったかと思われる男性が、何となく気になりげに会場の中を覗き、西さんの話を聞いている姿が目に留まった。会場に席は空いていたので、参加をおすすめしようかと思ったらいなくなる。少し後に、また現れて聞き入っているという具合で、受付係員として、どうしたらよいか戸惑っていた。そのうち、一通りの西さんの話が終わり、質疑応答の時間になった。共同体の中からも熱心な質問が出た。三つ目か、四つ目の質問への回答が終わったとき、例の男性が会場の外から半ば身を乗り出すような姿勢で手を挙げた。

　ぼくは迷った。その男性は、参加費を払って話を聞いていたわけではない。書店の店頭に隣接した喫茶室でのイベントである以上、公式の参加者以外の来店者に声が漏れ伝わることは回避できない。いわば、立ち聞きを咎めることはそもそもできない環境である。かといって、参加費を払ってくださっている人と、そうでない人とは区別する必要がある。前者が後者を差しおいて講演者に質問を投げかけるなど、許していいものだろうか？　だが、かすかに芽生え始めた漠然とした期待をもって、ぼくは「諾」と判断した。

「神学が論理的になって哲学となり、それがさらに論理的となって自然科学となり、現在では情報科学に至っているのだと思うが、現在の情報科学のあり方について、西さんはどう考えておれるのか？」

　そもそも、質問の前提となっている学問観が違う。学問の推移は、男性が述べたような直線的

---

(12)（一九五七〜　）和光大学非常勤講師。哲学・倫理学専攻。主な著書に『実存からの冒険』（ちくま学芸文庫、一九九五年）、『ヘーゲル・大人になりかた』（NHKブックス、一九九五年）などがある。

なものではない。男性が「論理的」という言葉をどんな意味で使っているかは不明だが、少なくとも数理論理的な意味合いだとしたら、西さんがその日話した現象学的な探求の姿勢とは恐らく相容れない前提に立っている。まったく違う言語を使って話をしているようなものだ。初学者にも分かりやすく哲学を語ることにおいては定評のある西さんも、この応答には四苦八苦されていた。

ぼくは、横で見ていて、悪いことをしたかなとチラリと思った。そもそも、参加者以外の質問を受け付けたことが西さんの苦闘の原因であった。ある種の共同体をなしていた会場内からの質問なら、こうも考え方の背景（現象学的にいうならば、地平、世界観）が異なったものは出てこないだろう。議論も、ある種共通した土俵の上で繰り広げることができる。

しかし、苦労して説明する西さんにいささか意地悪かなとも思える気持ちを抱きながら、いやかえってよかったのだとぼくは思い直した。およそ哲学を語る者は、決して仮設された共同体の域内で守られていてはならない。それは、その哲学を窒息死へと至らしめるとさえいっていい。そのことは、これまでの啓蒙的な仕事を思い起こしても、西さん自身の問題意識の中心であるとも思えるからだ。男性の、まさに「自然的態度」に「現象学的還元」を施そうと苦闘する西さんには、いきなりの状況への大いなるとまどいとともに、決然とした意志をも感じることができたのである。数分のやり取りでそのような企図が成功したとはいえないが、もちろん西さんは、会場外からの質問を許したぼくに非難の視線を浴びせるようなことはなかった。

　後日メールのやりとりをしたが、西さんはやはりその状況に不満はなかったといってくださり、共同体でなく他者に向かって開くこと、他者からの批判や「通じない人たち」に向かって、その言い分を聴き取る力や、また通じる地点を探そうとするような努力の大切さを述べられた。

　こうした状況は、哲学の世界にかぎった話ではない。すべての学問、すべての言説にとって、共通意識（コモンセンス）をもった構成員からのみ成立する共同体内で自足することは、自らの存在意義を否定することになる。ならば、それらの媒体である書籍、そしてそれを販売する書店という場こそ、共同体の内外を架橋すべき存在でなくてはならないのではないか？　トークセッション会場の入り口付近で聞き耳を立てていたあの中年男性こそ、もっとも象徴的な「読者」といえるのだ。

　さまざまな思想、言説、記録、創作が繰り広げられている書店という「劇場」へ、一人でも多くの「読者」に足を運ばせる。そのための努力から、我々書店人の仕事は始まるのである。

第五場　人は、なにゆえに書店へ行くのか？

テレビの普及によって確かに映画館の数自体は激減したが、ビデオによる鑑賞が簡単、安価になったのちも、人々は映画館へと足を運んできた。映画の興行収入の記録は、毎年のように塗り替えられている。

サンテレビ（兵庫県）が阪神タイガースの全試合を完全中継しようとも、甲子園球場には人々が集まってくる。演劇の世界においても、たとえば「劇団四季」のミュージカルは、かつての新劇やアングラ演劇では考えられないくらいの集客力をもっている。劇団四季は、いまや何百人もの劇団員の生活を保障し得ていると聞く。ネット販売の普及も相まって、劇団四季の舞台以外でも、人気のある芝居は発売とほぼ同時にチケットが完売となる。歌舞伎や能・狂言においても、むしろ最近になって若い人たちの関心が強まったといわれている。

人は、なにゆえに劇場に足を運ぶのか？

インターネット書店が本格的に出現し始めたころ、「ヴァーチャル書店かリアル書店か？」という不毛な、というより無意味な論争が生まれた。家にいながら簡単に本を購入できるアクセスの容易さと、検索機能の充実により確実に必要な本を素早く検索、購入できる利便性を兼ね備えたヴァーチャル書店が、読者への認知度が上がるにしたがって徐々にリアル書店を圧迫し、ついには駆逐していくという乱暴な予測さえあった。

ヴァーチャル書店の出現から何年か経ち、読者への認知度も急速にアップし、インターネット空間におけるアクセスの容易さも増した。少なくとも、正確なURLを知らなくても、出版業界内外の別のサイトからのリンクによって簡単にアクセスできるようになった。検索スピードも、当初に比べれば飛躍的に早くなっているはずである。

それでも、人々は書店に足を運ぶ。そして、重要なことであるが、ヴァーチャル書店を有効に利用している読者もまたリアル書店に足を運んでいるのである。考えてみれば、球場に足を運ぶ野球ファンも、家ではテレビ中継を楽しんでいるだろう。映画館で映画を観ることが好きな人もテレビの名画劇場を忌避《きひ》しているわけではなかろうし、テレビドラマやバラエティ番組も観ているに違いない。読者だって同様に、ヴァーチャル書店とリアル書店の双方を、その時々の目的と状況によって使い分けているのである。

そうしたことを承知した上で、改めて問うてみよう。

「人は、なにゆえに書店へ行くのか?」

劇場や球場については、「リアルであること」が客を吸引するもっとも重要なファクターだといってよい。実際に目の前で進行する舞台や試合は、メディアがいくら進化しても伝えられない、「リアルであること」の圧倒的な緊張感と迫力を伴っているからだ。

一方、リアル書店に行くのは、「それがリアルだからだ」などという同語反復的な説明は通用しない。読者が書店に足を運ぶのは、あくまで本と出会うためであり、その本という商品そのものの特質がヴァーチャルだからである。大部分の人は、読むことが目的で本を買う。読むという行為によって読者が手に入れる世界は、ノンフィクションなど事実に基づいたものであったとしてもヴァーチャルなのだ。球場や劇場において客が観る対象、すなわち選手や役者があくまで「リアル」であるのとは対極にある。言い換えれば、多くの場合、本との出会いとは本の内容との出会いであり、物体としての本の属性、たとえば手触りとか重量感とか匂いとかとの出会いではないのである。

すなわち、あくまでヴァーチャルであることを本質とする本という商品を商材とする以上、リアル書店がリアルであるということ、実際に商品を手に取ることができるということは、ヴァーチャル書店に対する絶対優位を保証しない。そのことが、ヴァーチャル書店のアクセスの簡便性、検索の容易さ・確実性に充分対抗できる利点であるとはいい切れないのだ。むしろ、本との出会いのあり方に、ヴァーチャル書店とリアル書店の決定的な違いを見るべきである。その決定的な違いゆえにこそ読者は双方を使い分けるのであり、その結果、ヴァーチャル書店とリアル書店はむしろ相補的な役割を担うようになる。そうなったとき、もはや「ヴァーチャル書店かリアル書店か」という二者択一な問い方はナンセンスだということが明らかになる。

「ひつじ書房」の社長である松本功氏が著された『ルネッサンスパブリッシャー宣言』（ひつじ書房、一九九九年）は、ラディカルな（根っこからの）視点で現在の出版のありようをとらえ、刺激的で具体的な提言に満ちた本である。その本において松本氏は、次のように語り始める。「本は、今、危機に瀕しているという」。だが、「日曜日、三省堂書店の本店に立ちよってみると、たくさんの人で混雑している」

『ルネッサンスパブリッシャー宣言』は、「日曜日の三省堂書店の人混み」と「本の危機」の非対称から論が起こされている。松本氏は「本の危機」を救うべく、電子媒体との共闘、電子媒体の柔軟な利用を含めて独自の戦略を展開する。いわば、「日曜日の三省堂書店の人混み」にもかかわらず到来している「本の危機」をいかに救うか、を模索しているのだ。出版の役割、学問や市民社会の現状と未来を広く視野に収めた氏の議論には大いに共感し、是非とも共闘したいと思う。

しかし、書店人としては焦点の異なる見方をしてみたくなる。「本の危機」が疑いようのない事実であるにもかかわらず、どうして「日曜日の三省堂書店の人混み」が存在しているのか？

すなわち、「人は、なにゆえに書店へ行くのか?」と改めて問い直したいのである。

ヴァーチャル書店を利用すれば、「日曜日にわざわざ」書店に出掛けていく必要はない。データベースや検索システムも整ってきた今となっては、自宅のパソコンでアクセスした方がよっぽど楽に、そして速やかに目的の本に行き当たる。いまや何軒ものヴァーチャル書店があり、場合によっては出版社のホームページで直接買うことができるのだから、何も足を棒にして何軒もの書店を歩き回る必要もなく、最終的に空振りに終わる危険もない。

さらにいってしまえば、これまで書物の形でしか得られなかった情報の多くが、インターネット空間そのもので手に入ってしまう。適切なホームページにアクセスすればダウンロードできてしまうのである。そうなれば、もはや本という物体を購入する必要さえなくなる。

それでも、人は書店に行く。

それは、偶然というものの魅力だと思う。出会いというものの不思議さだと思う。あるいは、本というパッケージ商品のもつ逆説的な開放性のゆえであると思う。一冊の書物と読者の出会いの頼りなさ、それゆえの可能性、その出会いを場として演出するこれまた頼りなげな書店空間に、人はむしろ開放性と可能性を感じているのではないだろうか。翻っていえば、いかにも開放的であるかのようなインターネット空間は、本を探すという行為においても、本を媒介とせずに情報を得ようとする場合でも、ある種の閉鎖性を伴ってしまうことが避けられないからではないだろうか。書店現場の「頼りなさ」ゆえの「可能性」（開放性）に対していえば、それは「頼り甲斐」ゆえの「必然性」（閉鎖性）とでも呼ぶべきだろうか。「閉鎖性」に帰結してしまうのは、インターネットの利用においては「頼り甲斐」の傍らに、実は多くの前提条件、すなわち越えるべきハードルがあるからかもしれない。

　インターネットを利用するための最初のハードルは、当たり前のことであるが、コンピュータを利用できる環境にあることである。パーソナルコンピュータの急速な普及によってそのハードルを看過する言説が増えたが、それが一つの排除性であることに違いはない。排除性は、もちろん閉鎖性に結び付く。次に、必要なアーカイヴにアクセスするためには、そこに至る水路を知っている必要がある。いまや、ホームページのリンクや多くの検索エンジンなど、さまざまな水先案内人が手を貸してくれる状況にあることを否定はしないが、どこまでも、その出会いには予定調和の影を感じてしまうのだ。すなわち、インターネット空間においては、あらかじめ知っている筋道を通ってしか本や情報に到達することはできない。一方、もともと欲していた本や情報に到達することに関してはよりおぼつかない書店空間を彷徨しているときにこそ意外な本との出会いがあり、思ってもみなかった人生の転機をもたらす可能性があるかもしれない。それを、ぼくは「本というパッケージ商品のもつ逆説的な開放性」と呼ぶ。そして、そうした出会いをもたらす書店という空間の可能性を、支持したいと思うのである。

三木清[13]に次のような文章がある。

「すべての書物は、それが出来上がった後には、著者から離れた独立の運命をもって存在するに至る。著者は彼の書の享けるあらゆる運命を愛すべきである。私は私の書物が欲するままに読まれ、思うままに理解されることに満足しよう」（『パスカルに於ける人間の研究』「序」京都哲学撰書第二巻、燈影舎）

「著者から離れた独立の運命」は、頼りない書店空間をあてどなく彷徨《さまよ》う書物という形態にこそふさわしい。著者の、編集者の、そして読者その人の意図をも超えた、書店現場における書物と人の出会いにより大きな公開性を、九鬼周三[14]なら「積極的偶然」に含めるであろう予期せぬ出会いの可能性をぼくは感じるのだ。

(13)（一八九七〜一九四五）哲学者。兵庫県生まれ。京都大学卒業。法政大学教授。ハイデッガーの影響を受け、マルクス主義哲学の基礎づけを人間学的立場から行う。のち、西田哲学に近づく。治安維持法違反で検挙され終戦直後に獄死。主著に『構想力の論理』（岩波書店）、『人生論ノート』（新潮社）など。

(14)（一八八八〜一九四一）哲学者。東京生まれ。京都大学教授。実存哲学の立場から時間論・偶然論を論じたほか、解釈学的・現象学的に日本文化を分析究明。主著に『「いき」の構造』（岩波書店）など。

付録・賢い書店の利用法

いわゆる「リアル書店」に働く者として、「賢い書店の利用法」なるモチーフが与えられたことはきわめて喜ばしいことである。なぜなら、一つにはそもそも書店というものが、そして書店人という存在が、書き手と読み手というプロを両極にもつ、あくまでも素人としての媒介だからであり、もう一つには、インターネットの普及により、本についての情報に関して、書店に勤務している者が買い手よりも優位に立っているという状況が恐らく完全になくなってしまったといえるからである。そうした状況下でなお、ぼくたち書店人がレゾン・デートル（存在理由）を保持するためには、すなわち読者の方々に書店を利用したいと思っていただくためには、「賢い書店の利用法」を提案することが急務であると思う。

賢い書店の利用法1——自分が知っていることはすべて書店員に話すべし。

読者が書店を訪れるのは、自分が欲しいと思っている本を入手するためである。それがうまくすぐに見つかればいうことはないが、五〇万点を超すかといわれる流通点数、一日平均二〇〇点を超す新刊発行という現状では、すぐに見つかるということの方が稀である。そういうときには、書店のお守りをしている書店員に聞くしかない。ここで、買う側と売る側の知識の枠組み、言い換えれば同じ商品へのアプローチの仕方が微妙にズレていることをまず理解する必要がある。荒っぽくいえば、読者は読むために買う、書店員はもちろん読むために売っているのではないということである。ここから、商品の属性の優先順位について、読者と書店員の間で落差が生じる。
「こんな常識的なことはいわないでも分かっているだろう」とか、「こんなことを聞いたら書店の人に馬鹿にされる」などとは決して思わないでいただきたい。そのことによって、書店員がお客様を馬鹿にするような質問などはあり得ない。なぜなら、お客様の質問こそが書店員の糧だから。

　買い手側のモチーフでいえば、内容、著者、価格というヒエラルキーが普通である。一方、売り手の側からいえば、それが自店でのジャンル、出版社、発行形態というヒエラルキーになる。そのスレ違いは立場の違いから生じる必然的なものだから、読者にとってはむしろどうでもいいこと、その本を読んでみたいと思った動機とは無関係なものでも、その本について分かっていることはすべて書店員に話すことが「賢い問い合わせ方」となる。

　その本について何で知ったか、価格はどのくらいだったかなど、推理小説などでよく捜査員が「些細なことでも結構ですから、気づいたことを何でも話して下さい」といっているように、書店員にもほんの些細なことでもお話しいただきたい。確かに、何でも話してしまうことは、読者の方に自らのプライバシーを公開してしまうような危惧を感じさせることになるかもしれないが、多くの書店員はそれほど記憶力もよくないし、一人のお客様のプライバシーを詮索するほど暇でもない。問い合わせを受けた本を見つけ出すことに必死で、晴れて見つけてお客様に差し出すことができたら、その経過はほとんどといってよいほど忘れてしまう。残念ながら、見つけることができなかったときも同じである。だから、是非安心して何でも話していただきたい。

賢い書店の利用法2——問い合わせをかける書店員を見極めるべし。

書店には、さまざまな立場の人間が働いている。店長、売り場責任者、棚担当者、アルバイト……etc。肝心なのは、給料の高い人間を見つけることではなく、自分の要求にこたえられる人間を探し出すことである。それは、問い合わせ内容の「度（degree）」による。探す単品が明確で、ジャンルも確定しているような場合は棚担当者、話題になっている本なのだが細かいジャンルが確定できない場合は売り場責任者、どこを探していいのか差し当たり見当がつかない場合などは店長等々。物理的な棚配置、商品構成の「度（grade）」とともに、スタッフ構成や場合によっては個々の得手不得手を把握している読者は、その書店のもっとも上手な「使い手」といえる。

賢い書店の利用法3——自分の世話をしてくれる書店員をつくってしまうべし。

とはいえ、本が必要なたびに一番使えそうな書店員を探すのも面倒な話である。入り口をもってしまう、というのが賢いやり方と言える。できれば、自分が買うことの多い商品ジャンルに関係した書店員を選ぶのがより効果的だが、特定の書店員の「おとくい」になってしまうのが一番賢明である。そうなれば書店員は、自分が直接担当しているジャンル以外の商品についても、同僚や出版社の知り合いを辿って目当ての本を探したり、情報収集したりするようになる。情報の「引き出し」を多くもっている書店員を見つけ、その「おとくい」になってしまえば、多くの書店員や出版関係者の「おとくい」になるのと同様の効果が得られる。それは、いわば「かかりつけ」の書店員を決めておくようなものである。

賢い書店の利用法4——できれば、平日の昼間に問い合わせをするべし。

「かかりつけ」の書店員が多くの「引き出し」をもっていても、それを開かせなければ意味がない。その「引き出し」の多くは出版社の営業担当者であり、自社出版物については言うに及ばず、ライバル社の商品や得意分野について広く情報・知識をもっていたり、自分が知らなくても知っている人を知っている、つまりは同じく多くの「引き出し」をもっている人である。

いうならば、「かかりつけ」の書店員に始まって、自分の目的に到達するまでいろいろな「引き出し」を開け続けさせること、そのことによって生じる情報・知識の連鎖を活用することが「賢い書店の利用法」の極みである。「できれば、平日の昼間に」というのは、出版社の営業時間中ならば「かかりつけ」の書店員が「引き出し」の連鎖をより活用しやすい、すなわち読者としてもそれを利用しやすいからだ。平日の昼間に書店に赴くのが難しい方でも、休日などに書店に赴いて「かかりつけ」の書店員をつくっておけば電話一本で事が足りる。

賢い書店の利用法5――目的に応じて書店を選ぶべし。

　書店員が多様であるならば書店もまた多様であり、それぞれに得手不得手がある。商品構成、棚の並べ方にしても、これが大正解というものは原理的にあり得ない。すなわち、多様な読者のすべてを満足させることができる店づくりなど不可能なわけだから、店ごとに対応しやすい客層にズレが出てくることになる。また、そうでなければ、多様な読者に書店業界全体として対応することもできない。そうした個性は、あってしかるべきである。

　だから、どんな場合でも自分の店を利用して、何でもかんでも自分の店で買って欲しいと考えている書店はその摂理を理解していない書店であり、おおむね利用価値は低いといえる。むしろ、読者の方で目的に応じて書店を使い分けていただけるような「賢い書店の利用法」を習得・実践して下されば、書店もしくは書店員は、自らの得意分野でより満足いただけるサービスを提供することができるようになると思う。

（この「付録」は、〈ラパン〉二〇〇一年春号［ゼンリン］に掲載したものを元にして、加筆修正を加えたものです）

芝居が跳ねて——図書館を利用する書店人

「ありがとうございました、ありがとうございました。お帰りはこちらでございます。ありがとうございました」

京都店の閉店時に、シャッターの閉まった正面玄関前で最後のお客様方を横手の出入り口にご案内しながら……。

「ありがとうございました、ご来店まことにありがとうございました。また、ご利用くださいませ。ありがとうございました」

池袋本店の閉店時に、エスカレーターで降りてくるお客様、一階集中レジでお勘定をすませて帰路につくお客様方の傍らで頭を下げながら……。

ぼくの頭に鳴り響いているのは店内のBGMではなく、芝居小屋や寄席で観客を見送るときの「お囃子」である。胸に抱いているのは、今日も無事舞台が終わった、すべては店のスタッフ、そして来てくださったお客様方のおかげだ、という感慨なのである。

芝居が跳ねて、誰もいなくなった舞台にぽつねんと腰掛けている短い時間も好きだった。達成感と脱力感がない交ぜになった、不思議なやわらぎが好もしかった。もちろん、そのすぐあとには、打ち上げのドンチャン騒ぎが待っている。

書店に千秋楽はない。閉店後の静けさは、いつでも明日の舞台のためのささやかな休息だ。さあ、ぼくも早く家に帰って、明日の仕事にそなえよう……。そうだ、明日は公休日だった。さて、どうしよう。うん、図書館にでも行くか。

ぼくが図書館をよく利用していることを話すと、図書館員の人までが驚いた顔をすることが多い。

「書店に勤めているのに、どうして?」ということだろうか。それなら、こう答えよう。

「書店に勤めているからこそ、図書館を大いに利用するんですよ」

書店人は、本を読むことを仕事にしているわけではない。就業中に本を読めるわけでもない。あくまで本を仕入れて展示し、売るのが仕事である。直接的な仕事の面では、本の中身についてまったく知らなくたって差し支えない。でなければ、森羅万象を扱う本という商品を、生身の人間に扱えるわけがない。

しかしながら、自分も本を読むことが好きでないと、書店人という役を演じるのはなかなか大変である。時に応じて読者という顧客と同じ目線でものを見ることができないと、書店という空間で起こっていることがまったく見えてこないからである。時として出会う、貪欲なばかりの知的欲求をもつ読者、時代への鋭敏な感性を旺盛なまでにもつ読者、そうした人たちのエネルギーに弾き飛ばされないためには、書店人もまた本に対する相当な愛着と好奇心を維持する必要がある。それが、書店人にとって不可欠な基礎体力であるといっていい。本を読むことが好きでない人にとっては、それを維持するのはかなりつらい作業であろう。

一方、書店という空間が、本好きには理想的な職場かといえばそうともいい切れない。一言でいえば、自分の好きな本だけを相手にしていられるわけではないからである。新刊を書棚に出しているとき、書棚を整理しているとき、お客様から問い合わせを受けたとき、日常のはしばしで気になる本が出てくる。この本は読んでおかなくてはいけないな、このジャンルについてはもう少し勉強しておかなくてはいけないな……。本に対する愛着と好奇心、すなわち書店人に必要な基礎体力を身につけた人ほど、そうした課題は累積するばかりであろう。累積の仕方がアトランダムだから、課題の山を切り崩していく方法もアトランダムでしかない。とにかく、片っ端から読んでいくしかないのである。

気になっている本を片っ端から買っていいては、やはり経済的にもしんどい。それ以上に、すぐに置き場所に困ることになる。本が自宅の書棚から溢れるたびに、あるいは転勤による引っ越しのたびに知り合いの古本屋に送るのも面倒である。何よりも、「買う」というときには書店人といえども吟味する。言い換えれば、逡巡する。「気になった」からといって、それだけの理由で「買う」ことはできない。

そんなとき、図書館はとても便利なのだ。少し読んで期待外れなら、それ以上読まずに返せばいい。参考になる部分があれば、それをメモしておいて返却する。部屋は狭くならないし、必要ならまた借りればよい。「買う」よりもずっと気安く「借り」られるおかげで、思わぬ成果を挙げることもある。それが、店の品揃えや展示方法に工夫をもたらすことも実際にあるのだ。

最近は、インターネットで本の所在を確かめてからリクエストすることもでき、便利になった。ぼくが今直接利用している戸田市立図書館にない本でも、近隣の図書館の在庫を検索し、確認してからリクエストすることもある。リクエスト用紙に「○○図書館に蔵書あり」と書き添えておく。家から歩いてすぐの所に分室があり、そこに回送してもらっておけばとても便利である。何やら、ネット書店のCVSや駅で受け取るサービスを疑似体験しているようだ。

長い間図書館を利用しているから分かるのだが、図書館には図書館の弱点がある。図書館の棚は、書店の店頭と比べてどうにも古い。新刊が到着する時期にもタイムラグがあるのだから当たり前といえば当たり前なのだが、書棚を前にしての実感では、そうしたタイムラグでは説明しきれない古さがある。書棚の中心が一世代も二世代も前の書き手に占められ、頭角を現し始めた若手はもちろん、今が旬の書き手の本がなかなか見つからないのだ。

何とか新しい売れ筋を発見し、仕入れて数多く販売しようという書店と、リクエストにできるだけ応えていかなければという図書館との、基本的な姿勢の違いのためかもしれない。それぞれの神経が感応する対象が自ずと違うことが、それぞれの書棚間の差を生み出しているのだろう。

断っておくが、図書館の書棚は「古い」からダメだといいたいわけではない。また、書店の棚の比較優位を主張したいわけでもない。図書館の書棚は、「古い」がゆえに豊穣な部分がたくさんある。新しいものを追い続ける書店の書棚から弾かれた良書とめぐりあえるかもしれない。何よりも、品切れ・絶版本については、書店空間は図書館には太刀打ちできない（一七二ページも参照）。

だからこそ、書店と図書館の交流がもっとなされるべきなのだ。大げさな、団体同士の交流である必要はない。書店人が図書館を利用し、図書館人が書店を訪れる。そうした日常の延長で、それぞれの長所短所を認め合って情報交換を行えばよいのである。そのことが、それぞれの現場での仕事をグレードアップすることはまちがいない。図書館は利用者により新しい情報を提供し、書店は来店者に品切れ・絶版本への通路までも確保する。そうして風通しがよくなったとき、読者もまた図書館と書店をより上手に使い分けることができるだろう。

出版景気の落ち込みゆえか、「図書館は無料貸本屋か」、「図書館栄えて物書き滅ぶ」と、昨今本の書き手（作家）や作り手（出版社）が図書館を目の敵にする論調が目に付くという。浦安市立図書館館長の常世田良氏は、そうした風潮に反論し、図書館利用者はまた書籍購入者であることと、図書館と書店は敵対関係ではなく相補関係にあることを論証しようとする（「公共図書館は出版界の敵にあらず」〈季刊本とコンピュータ〉二〇〇二年春号）。現在の具体的な図書館のあり方に全面的に肩入れをする気はないが、少なくとも読者が図書館と書店をうまく使い分けているという報告には、ぼく自身がそうだから納得する。

そもそも図書館を出版不況の犯人に仕立て上げても、出版・書店業界には何も得るところはない。読者の多くが書店と図書館を使い分けているとすれば、出版・書店業界が図書館を敵視し連携を拒絶する姿勢を取るのは明らかに自らの首を絞める所業である。それは、今、本を扱う業界にとってもっとも大切なもの、すなわち読者への視線をまったく欠いた姿勢だからである。

著者紹介

福嶋　聡（ふくしま・あきら）

1959年、兵庫県生まれ。

1981年、京都大学文学部哲学科卒。

1982年２月、㈱ジュンク堂書店入社。サンパル店（神戸）６年、京都店10年の勤務ののち、1997年11月に仙台店店長。

2000年３月より池袋本店副店長。

1975年から1987年まで、「劇団神戸」にて俳優、演出家として活動。

1988年から神戸市高等学校演劇研究会秋期コンクールの講師を勤める。

日本出版学会会員。

著書に『書店人のしごと』（1991年）『書店人のこころ』（1997年）（共に三一書房）。

劇場としての書店　　（検印廃止）

2002年７月15日　初版第１刷発行
2002年７月31日　初版第２刷発行
2002年９月15日　初版第３刷発行

著　者　福　嶋　　聡
発行者　武　市　一　幸

発行所　株式会社　新　評　論

〒169-0051
東京都新宿区西早稲田3-16-28
http://www.shinhyoron.co.jp

電話　03(3202)7391
FAX　03(3202)5832
振替・00160-1-113487

落丁・乱丁はお取り替えします。

定価はカバーに表示してあります。

印刷　フォレスト
製本　清水製本
装丁　山田英春

Printed in Japan
ISBN4-7948-0569-1 C0036